MELHORES
POEMAS

Sosígenes Costa

Direção
EDLA VAN STEEN

MELHORES
POEMAS

Sosígenes Costa

Seleção
ALEILTON FONSECA

São Paulo
2012

© Maria Adalgisa Luzia da Costa de Melo, 2011

1ª Edição, Global Editora, São Paulo 2012

Diretor Editorial
Jefferson L. Alves

Gerente de Produção
Flávio Samuel

Coordenadora Editorial
Arlete Zebber

Preparação
Luciana Chagas

Revisão
Tatiana Y. Tanaka

Capa
Victor Burton

CIP – Brasil. Catalogação na Fonte
Sindicato Nacional dos Editores de Livros, RJ

Costa, Sosígenes, 1901-1968
Melhores Poemas Sosígenes Costa / seleção de Aleilton Fonseca. – São Paulo : Global, 2012. (Coleção Melhores Poemas)

ISBN 978-85-260-1669-9

1. Poesia brasileira. I. Título. II. Série.

12-1551   CDD-869-91
                                                  CDU: 821.134.3(81)-1

Direitos Reservados

Global Editora e Distribuidora Ltda.

Rua Pirapitingui, 111 – Liberdade
CEP 01508-020 – São Paulo – SP
Tel.: (11) 3277-7999 – Fax: (11) 3277-8141
e-mail: global@globaleditora.com.br
www.globaleditora.com.br

Obra atualizada conforme o **Novo Acordo Ortográfico da Língua Portuguesa**

Colabore com a produção científica e cultural.
Proibida a reprodução total ou parcial desta obra sem a autorização do editor.

Nº de Catálogo: **3296**

Aleilton Fonseca nasceu em Firmino Alves, Bahia, em 1959, e reside em Salvador. Produz poesia, ensaio, crônica, conto e romance. É graduado em Letras Vernáculas pela Universidade Federal da Bahia (1982), tem mestrado pela Universidade Federal da Paraíba (1992) e doutorado pela Universidade de São Paulo (1997). É professor pleno da Universidade Estadual de Feira de Santana, na Bahia, onde leciona Literatura Brasileira na graduação em Letras e no curso de mestrado em Literatura e Diversidade Cultural. Foi coeditor de *Iararana: Revista de Arte, Crítica e Literatura* (1998-2008). É coeditor de *Légua & Meia: Revista de Literatura e Diversidade Cultural* (Universidade Estadual de Feira de Santana). Estreou com o livro de poemas *Movimento de sondagem* (Funceb, 1981). Tem diversos livros publicados, entre individuais e coletivos, sendo os mais recentes: *O canto de Alvorada* (contos, José Olympio, 2004); *Nhô Guimarães* (romance, Bertrand Brasil, 2006); *As formas do barro & outros poemas* (EPP, 2006); *Les marques du feu et autres nouvelles de Bahia* (contos, Lanore [Paris], 2008); *O pêndulo de Euclides* (romance, Bertrand Brasil, 2009); *O desterro dos mortos* (contos, Via Litterarum, 2010); *A mulher dos sonhos & outras histórias de humor* (Via Litterarum, 2010). Participa de várias coletâneas e antologias nacionais de contos e de poesia. Recebeu algumas premiações literárias, entre as quais o Prêmio Nacional Herberto Sales (contos), da Academia de Letras da Bahia, em 2001, e o Prêmio Marcos Almir Madeira, da União Brasileira de Escritores/RJ, em 2004. É membro da Academia de Letras da Bahia, da União Brasileira de Escritores/SP e do PEN Clube do Brasil.

SOSÍGENES COSTA:
O LIRISMO DO OLHAR

O poeta Sosígenes Costa (1902-1968) merece lugar de destaque no panorama da poesia brasileira do século XX, em virtude da linguagem de transição que estabelece entre a criação de imagens líricas da paisagem local, traduzidas em cores e contornos de tons parnasianos e simbolistas, e da invenção de imagens inusitadas que revelam a captação lírica do mundo através do olhar – atitude visceralmente modernista –, numa poética de grande apelo visual.[1]
A obra sosigeniana impõe-se pelo volume, pela temática multicolorida, pela técnica e pela envergadura estética. Não se podem negar as contribuições originais do poeta baiano, representadas, sobretudo, no longo poema "Iararana", saga mitopoética que alegoriza a formação étnico-cultural mestiça no sul da Bahia, e nos "Sonetos pavônicos", que fundem invenção lírica, plasticidade e cromatismo das imagens, para representar a paisagem, os objetos e as sensa-

---

1 Estes aspectos foram tratados em estudo específico descrito em: MATTOS, Florisvaldo. *Travessia de oásis*: a sensualidade na poesia de Sosígenes Costa. Salvador: SECT/EGBA, 2004.

ções.² De acordo com Gerana Damulakis, "'Iararana' é a criação de um mito para o cacau", em que "diversos campos semânticos determinam a polissemia do poema devido ao encaixe de diferentes códigos uns nos outros".³ Sosígenes Costa viveu, desde a juventude até a maturidade, em Ilhéus, onde exerceu a função de telegrafista do antigo Departamento de Correios e Telégrafos até se aposentar. Também foi secretário da Associação Comercial de Ilhéus, onde criou e manteve uma boa biblioteca, com diversos títulos literários. Nos anos 1920, já publicava poemas e crônicas no jornal *Diário da Tarde* e acompanhava e debatia as polêmicas modernistas que se travavam no Sudeste do país e na capital baiana. Amigo próximo de Jorge Amado, fez parte da Academia dos Rebeldes, de Salvador. Radicado no Rio de Janeiro nos anos 1950--1960, ali lançou seu único livro publicado em vida, *Obra poética*, em 1959,⁴ que recebeu o Prêmio Paula de Brito e o primeiro Prêmio Jabuti de Poesia, da Câmara Brasileira do Livro, em 1960, verdadeira consagração de um poeta maduro e original.

Num depoimento sobre o autor, James Amado comenta, de forma lapidar, que "Sosígenes Costa teve a poesia por destino".⁵ No entanto, com o influxo dos

---

2 FONSECA, Aleilton. Sosígenes Costa: poeta da visibilidade moderna. In: MATTOS, Cyro de; FONSECA, Aleilton (Orgs.). *O triunfo de Sosígenes Costa*. Ilhéus: Editus, 2004. p. 93.
3 DAMULAKIS, Gerana. *Sosígenes Costa*: o poeta grego da Bahia. Salvador: EGBA/Fundação Cultural do Estado da Bahia, 1996. p. 75.
4 COSTA, Sosígenes. *Obra poética*. Rio de Janeiro: Leitura, 1959.
5 AMADO, James. Sosígenes Costa: a poesia por destino. In: MATTOS; FONSECA, op. cit., p. 197.

experimentalismos poéticos dos anos 1950-1960, sua obra, embora recebida com entusiasmo, caiu rapidamente no esquecimento. O poeta só voltou à tona em 1977-1979, quando José Paulo Paes, estimulado por James Amado, organizou e publicou *Obra poética I e II* (a parte II era inédita) e também o vigoroso ensaio crítico *Pavão parlenda paraíso*. Além disso, com admirável aplicação filológica, Paes compulsou as diversas anotações e as variantes do inédito poema primitivista "Iararana",[6] fez a fixação do texto e desenvolveu um ensaio expressivo sobre sua significação, como representante daquilo que denominou de "modernismo de quintal". Em 1979, a editora Cultrix lançou *Iararana*, ricamente ilustrado por Aldemir Martins – numa edição de arte, com tiragem de cem exemplares, e outra de cunho comercial. Concebido e escrito em 1934, estava enfim lançado o longo poema sosigeniano, que o crítico Cid Seixas considera "um documento dos anos 1930", e no qual se observa, ao lado do caráter primitivista, a presença da questão identitária, nos alvores do hibridismo cultural brasileiro – às margens do rio Jequitinhonha, no *locus* do descobrimento do país.[7] De fato, podemos reivindicar para "Iararana" a condição de uma das mais importantes obras primitivistas do modernismo brasileiro, ao lado de *Cobra Norato*, de Raul Bopp, *Martim Cererê*, de Cassiano Ricardo, e *Macunaíma*, de Mário de Andrade. Aliás, alguns estudos comparativos atuais têm destacado esse fato, indesculpavelmente ainda relegado

---

6 COSTA, Sosígenes. *Iararana*. São Paulo: Cultrix, 1979.
7 SEIXAS, Cid. Iararana, um documento dos anos 30. In: MATTOS; FONSECA, op. cit., p. 143.

pelos manuais e panoramas literários mais correntes e adotados.

A partir de 2001, com o centenário do poeta baiano, vários artigos, ensaios e livros foram publicados, submetendo seu nome e sua obra às considerações críticas atuais, em estudos que vêm se ampliando em dissertações, teses e artigos universitários. Com essa revisão crítica, sua obra vem conquistando um lugar de relevo no panorama do século XX, conforme previa Jorge Amado ao afirmar que Sosígenes era "uma dessas árvores isoladas que se destacam na floresta".[8]

Sosígenes Costa é, sobretudo, um poeta do olhar. A visibilidade, conforme uma das propostas de Italo Calvino para este milênio,[9] permeia a natureza íntima de sua poesia. Assim, ele assume, à sua maneira, "uma condição que é fundamental nos poetas do século XX – na qual se pode delimitar uma poética visual, de uma poesia de tangências imagéticas, em que a visibilidade é a estampa do texto escrito".[10] Dessa forma, "seu olhar se projeta sobre coisas, paisagens, ações, ritos, situações – e ele transmuta, alegoriza, ressignifica, plasmando em linguagem lírica aquilo que visualiza – no real e na imaginação – e traduz

---

8 AMADO, Jorge. O grapiúna Sosígenes Costa. In: COSTA, Sosígenes. *Iararana*. São Paulo: Cultrix, 1979. (Apresentação.)
9 As propostas de Calvino são sínteses das lições legadas pelos clássicos, que desembocam na multiplicidade de processos, enriquecida com a experiência estética da modernidade, desde seus fundadores remotos até a atualidade. CALVINO, Italo. *Seis propostas para o próximo milênio*. São Paulo: Companhia das Letras, 1990. p. 22-23.
10 FONSECA, op. cit., p. 93.

em imagens especiais concebidas por seu poder verbal de sugestão".[11]

Os poemas paisagísticos e, principalmente, os originalíssimos sonetos pavônicos se caracterizam pela visibilidade como fator de instauração da epifania lírica, como nítidas reminiscências da forma parnasiana e da concepção simbolista. Assim, José Paulo Paes afirma que

> Reminiscências simbolistas ressaltam em particular no ciclo de sonetos dedicados ao crepúsculo, hora eminentemente simbolista, em que as cores delimitativas das coisas, cuja nitidez é como a garantia das fronteiras do real, se entremesclam e esmaecem na ambiguidade das tintas do poente.[12]

Em "O primeiro soneto pavônico", a paisagem é posta numa perspectiva familiar em relação ao poeta, dando a impressão de um jardim ou quintal, onde ele observa os processos em marcha na natureza. Os tercetos são, como sempre, lapidares:

> Cai uma chuva de oiro sobre os cravos.
> O grifo sai do mar com a lua cheia
> e as pombas choram pelos pombos bravos.
>
> Um suspiro de amor do peito arranco.
> A luz desmaia. E o céu todo se arreia
> em vez de estrela de narciso branco.

---

11 "A visibilidade enquanto processo pressupõe movimentos anímicos de volição do sujeito – aquele que quer ver – que deseja ver – que quer tornar visível a si e/ou a outrem." Ibidem, p. 95.
12 PAES, José Paulo. *Pavão parlenda paraíso*. São Paulo: Cultrix, 1977. p. 14.

Essa paisagem colorida, imantada na vivência poética, oferece os elementos afetivos que o poeta traduz em palavras, instaurando através de formas e cores a plasticidade lírica e os apelos à visibilidade. A esse respeito, José Paulo Paes assinalou:

O poeta aproveita essa hora crepuscular de dissolução da realidade para entregar-se a uma operação igualmente dissolvente: a de aplicar os poderes da imaginação aos elementos do mundo que o circundam – no caso os leques dos coqueiros de praia, tão comuns em Belmonte, sua cidade natal, ou em Ilhéus, onde passou a maior parte de sua vida – para, através da transfiguração imagética, libertá-los das leis restritivas do real e conferir-lhes a plena liberdade do imaginário.[13]

Essa predileção pela pintura verbal da paisagem se manifesta nos poemas dedicados à cidade de Belmonte e de Ilhéus, dois lugares afetivos das vivências líricas e pessoais do escritor, sobretudo em "Búfalo de fogo" e nos poemas da série "Belmonte, terra do mar".

A obsessão lírica de Sosígenes Costa pelas paisagens de sua terra leva-o a escrever poemas que não apenas registram sua visão sobre os entornos físicos, mas também sobre as práticas culturais, com incursões nas parlendas e nos folguedos populares locais, além das vivências cotidianas e das impressões sobre a cidade e seus sentidos revelados na poesia.

O poema "Cair da noite" faz parte do ciclo crepuscular paisagístico da obra poética sosigeniana. Conforme assinala Jane Malafaia, "Sosígenes Costa opera na visão do entardecer a recuperação da memó-

---

13 PAES, op. cit., p. 17.

ria das paisagens de Belmonte. Aproveitando o momento de diluição da luz, o poeta dá vazão ao devaneio e dissolve a realidade na imaginação".[14] De fato, o apelo visual incrusta-se no vocabulário utilizado para transmitir uma ideia de proximidade afetiva com o espaço das vivências cotidianas. O primeiro plano de mirada é amplo, uma vez que é da perspectiva da noite que o poeta projeta seu olhar sobre a paisagem que vem ao encontro de seu olhar. No soneto "No Jequitinhonha", o rio aparece inserido na paisagem plena, sobre a qual o eu lírico concentra seu olhar. Já no poema narrativo "Iararana", assume uma conotação mítica fundadora. No soneto, o rio é um corpo de luz que se revela ao desvanecer-se a névoa. Sob a luz do Sol, a superfície se mostra prata. O rio torna-se, portanto, um espelho que reflete luz e cores e ilumina a paisagem, interagindo com o nicho de vida, do qual é referência e princípio. Mais uma vez a diversidade de cores aparece em primeiro plano na expressão verbal, e a musicalidade ambiente – "O vento gira músico e meneia" – é ressaltada, de modo a compor o quadro sinestésico. A bonança e a dádiva do lugar, com a profusão de cores e seres do local, consagram a paisagem como *locus amoenus*, para regalo da percepção e do olhar líricos. Daí a imagem paradisíaca nos versos finais: "[...] repletos/ de fruta, orvalho e mel, vão orquestrando/ clarins as aves, crótalos os insetos." O rio é fonte de vida, fertilidade e poesia; um signo de luz, pois reflete o Sol, e da

---

14 MALAFAIA, Jane de Paula. *O modernismo singular de Sosígenes Costa*. Niterói: Universidade Federal Fluminense, 2007. f. 33. Dissertação.

essência do *habitat* local; portanto, é *luminescência* que irradia ao vegetal, animal e humano uma aura de harmonia e plenitude edênica.

O poema "Terra do mar", de 1935, é uma descrição circunstanciada sobre a conformação física da cidade de Belmonte, após o histórico fenômeno natural, ocorrido há mais de um século, quando o mar recuou 1.500 metros, oferecendo uma ampla área de terra sobre a qual a cidade se expandiu. O poeta trabalha com dois conteúdos distintos, mas complementares, de saberes: aqueles da tradição historiográfica, que informam e podem ser confirmados por fatos e evidências, e aqueles da imaginação, que confluem a partir de fábulas e lendas transmitidas pela tradição oral e que projetam a realidade para além de seus limites de plausibilidade. Há no poema uma superposição dos dois discursos que, amalgamados, causam no leitor um efeito de encantamento, persuasão e deleite, como relato de um causo ameno.

Sosígenes Costa é um poeta contemplativo. Mas não deixou de acionar o estilo da recordação para recuperar o passado, trazendo "de volta ao coração" aspectos da cidade de sua infância, descrevendo fatos e situações de um "Tempo antigo", poema datado de 1935.

Em "Búfalo de fogo", longo poema dedicado a Jorge Amado, o anoitecer na cidade de Ilhéus é a paisagem que o poeta descreve em versos plásticos, com grande apelo à visibilidade. O cromatismo e as sugestões imagéticas dispõem sobre o poema, qual fosse esse uma tela, os traços líricos de um entorno de luzes e formas, à beira-mar e à "beira-céu", como um lugar paradisíaco. Nesse poema, já nos primeiros versos, a par de um feixe de metáforas cromáticas, avulta mais uma vez a técnica da lírica crepuscular sosigeniana, com seu vocabulário rebuscado, metáforas, comparações e rimas preciosas e inusitadas. As cores do crepúsculo dominam toda a textualização poemática, e as exclamações conotam a euforia do eu lírico em face do assunto. A comparação da cidade com um "grande búfalo fosfóreo", que rebrilha dentro da noite, reforça a tática semântica do poema, o qual prima pela comparação e pelo exagero como forma de exaltar as qualidades visuais do crepúsculo ilheense. Trata-se de um campo visual que transmite uma luminescência pujante, ofuscante, poderosa.

O poema "A aurora em Santo Amaro" chama a atenção pelo fato de que o discurso lírico extrapola o registro plástico da paisagem natural, trazendo à tona uma questão social em que as formas da natureza vão assumir os contornos do gesto humano. Este procedimento lembra, em sua conotação social, o poema "O vento no canavial", de João Cabral de Melo Neto, que engasta na imagem do verde canavial balançando-se no vento um outro movimento, este social, de trabalhadores em estado de reivindicação, perfilados como colmos solidários de um canavial humano.

"A aurora em Santo Amaro" começa com uma saudação à luz do dia, como um ritual de iniciação de jornada de trabalho, num dado recolhido da tradição local. No jogo de situação entre dia e trabalho, configura-se uma denúncia da exploração que sofre o trabalhador. Ele agora seria um escravo com menos posses do que aqueles que de fato foram escravizados no passado. Qual um canto cerimonial de trabalho, o poema ritualiza, pela repetição e pelo ritmo, a crença do eu lírico na superação da miséria do trabalhador. Dessa forma, exprimem os versos: "Trabalhador da cana,/ viva! que vem o dia." Com o contraste entre a altivez do dia e a sujeição do pobre ao trabalho duro e mal remunerado, o poeta acena para um novo amanhã: "Bravo, estrela--d'alva,/ que vens trazendo o dia!" Seria esta a aurora a ser saudada, o dia de libertação do trabalhador.

Embora sem data, "A arquitetura e os lilases" é, seguramente, um dos últimos poemas de Sosígenes Costa. É também o mais modernamente urbano e crítico, em que a forma livre respalda a retórica de debate e a recusa de uma ideia. Em discurso direto e incisivo, o eu lírico assume uma visão crítica sobre um modelo arquitetônico então vigente nas cidades grandes. O poema discute a imagem de uma edificação moderna, reafirmando um ponto de vista pessoal do poeta, fruto de suas crenças e idiossincrasias, enfim, sua visão de mundo. A sua tática de discussão engendra-se pelo contraste que estabelece entre as formas (vegetal *versus* cimento) em concorrência no espaço construído. Na abertura do poema, há um quadro de efeito: de um lado, quatro pés de lilases – como remissão da natureza –, do outro, edifício – construção de cimento e ferro –, que representa uma concepção de uso do espaço urbano contestada pelo poeta e por ele considerada um dos "pecados" da vida moderna.

Diante da cidade que se transforma, o poeta está sujeito ao choque, ao estranhamento e à rejeição. O espaço urbano se modifica e se torna, portanto, estranho para ele. As novidades ocupam o lugar daquilo que já estava registrado na memória afetiva. Diante disso, o poeta muitas vezes reage e assume um discurso de distanciamento crítico, para iniciar o processo de reconhecimento que o possa recuperar como espaço integrado à experiência.

A visão crítica do poeta tem, certamente, uma origem em sua história de vida. Já radicado no Rio de Janeiro, ele vivia, àquela altura, a realidade carioca dos anos 1950-1960, quando houve uma enorme expansão de gigantescos edifícios de apartamentos para moradia de classe média. Sosígenes Costa, homem interiorano, acostumado com espaços amplos de casas, jardins e quintais – que figuram abundantemente em seus poemas –, não poderia deixar de estranhar o modelo de moradias avaras adotado pela arquitetura urbana. O apartamento exíguo afigura-se aos seus olhos como uma prisão.

O poeta considera "que a moderna arquitetura/ enjaulou a juventude". Vítima, tal como os lilases, a juventude "enjaulada" busca uma adaptação. E "foge para a Babilônia", adotando uma arquitetura psíquica. Ao buscar desvios no jeito de ser e de se comportar, acaba "imitando os lilases" oprimidos pelos acanhados espaços que o aprisionam fora de sua natureza, nos canteiros de cimento "dessa pecadora construção". Há no poema uma crítica à ideia urbana de se criar gente (a juventude), assim como lilases, em apertados canteiros de cimento, que são os apartamentos modernos. Em sua visão de homem interiorano, o poeta prevê, talvez, as neuroses do estresse agindo na formação da personalidade juvenil, vítima de uma vida agitada, em espaços restritos, sem contato com o chão e a natureza. Educada e crescida numa "prisão", a psique jovem sofreria uma distorção indisfarçável, o que explicaria, ao menos em parte, os comportamentos "desviados" da juventude urbana.

Aos olhos do poeta grapiúna, acostumados a colher poesia nos montes belmontinos, nas águas do rio Jequitinhonha, à sombra dos coqueiros e dos cacauais e à beira-mar ilheense, a sensação poderia ser, de fato, a de um exílio na metrópole. E a metrópole tem razões que não obedecem às necessidades humanas de poesia. Ela tem sua lógica e impõe a racionalização econômica do espaço físico, sob o modelo de uma arquitetura prática que ignora o que seja a "beleza lírica". Daí, talvez, a correlação que o poeta estabelece entre edifícios e tumbas. Ele se vê diante de uma arquitetura, dita moderna e racional, que produz unidades de moradia tão quadradas quanto exíguas, empilhadas umas sobre as outras, assim como cria os modernos jazigos, em forma de gavetas superpostas.

Não há dúvida de que a visão do poeta é extremamente pessimista e pessoal. Nas estrofes 6 e 7, as conclusões são taxativas quanto ao horror que a torre de cimento representa para a humanidade, segundo a visão um tanto apocalíptica do eu lírico. Para ele:

> A humanidade está cega.
> Não vê a beleza se ocultando
> sob uma máscara pavorosa
> no pedestal da praça
> em frente a este edifício.

Como em Mário de Andrade,[15] observa-se no canto sosigeniano a imagem da degradação visual da cidade, sem beleza, sem alma, sem humanidade. A reação do poeta diante da arquitetura urbana mostra que esta necessita de intervenção, ainda que apenas através da

---

15 Na poesia de Mário de Andrade, encontram-se diversas imagens de degradação visual da cidade de São Paulo, sobretudo, nos livros *Pauliceia desvairada* (1922) e *Lira paulistana* (1945).

palavra. Para ele, a cidade se afigura dialeticamente íntima e estranha, como um espaço de vida introjetado em sua memória cotidiana. Ao mesmo tempo, a urbe se mostra inusitada e distante por causa das transformações que impõe aos olhos sensíveis do artista. O poeta torna-se crítico das mudanças, pois não consegue mais abarcar a urbe enorme, como podia fazer antes com a cidade pequena. A vida urbana, em sua complexidade, oferece pontos positivos e negativos como matéria de poesia. Em tom crítico, o poeta aborda também os traços negativos da cultura citadina, registrando sua visão crítica, sua recusa e seus desencantos. Sosígenes Costa não foi um modernista *tout court*. Entretanto, moderno a seu modo, é um poeta do olhar e da visibilidade. Leitor de Charles Baudelaire e de Mário de Andrade, sua obra reflete uma escolha: trabalhar numa zona de transição, em que tradição e novidade entrecruzam-se num texto original e peculiar. Em geral, a obra sosigeniana não configura paisagens urbanas, diferentemente do que se encontra nos poetas das grandes metrópoles. Ao contrário, as paisagens líricas do autor representam sua experiência de vida numa região interiorana, no segundo e no terceiro quartéis do século XX, nas cidades de Belmonte e de Ilhéus. As culturas, o elemento humano, os fatos e as circunstâncias geográficas e históricas locais constituem a matéria-prima de sua poesia e conformam sua contribuição particular à lírica do século XX. Trata-se de um poeta moderno, em sentido mais amplo, cuja grandeza reside no caráter diferencial de sua obra, que cada vez mais se afirma no vasto e diversificado painel da cultura brasileira.

Aleilton Fonseca

POEMAS

OBRA POÉTICA I
(1959)

SONETOS PAVÔNICOS E OUTROS SONETOS

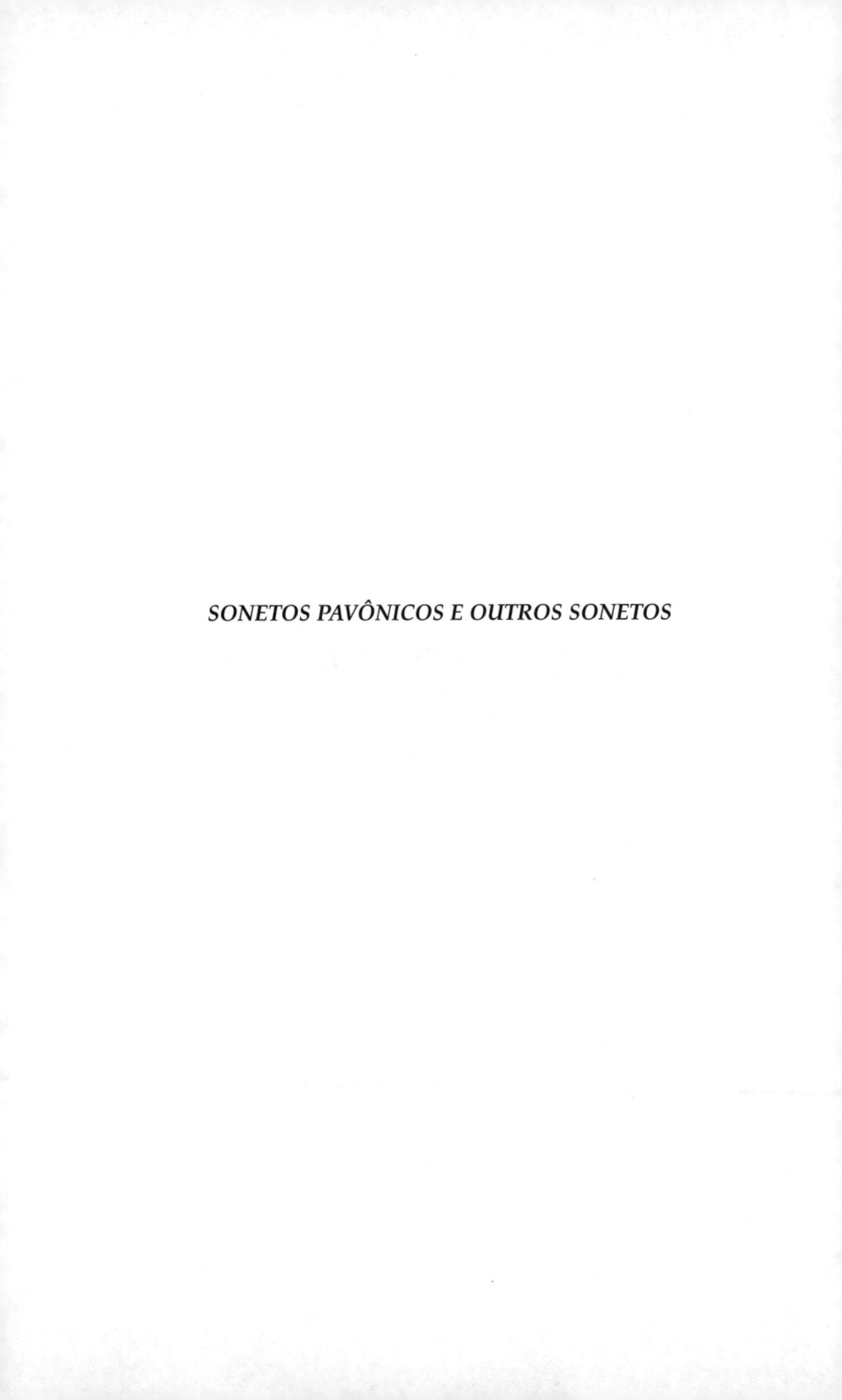

TORNOU-ME O PÔR DO SOL UM NOBRE ENTRE OS RAPAZES

Queima sândalo e incenso o poente amarelo
perfumando a vereda, encantando o caminho.
Anda a tristeza ao longe a tocar violoncelo.
A saudade no ocaso é uma rosa de espinho.

Tudo é doce e esplendente e mais triste e mais belo
e tem ares de sonho e cercou-se de arminho.
Encanto! E eis que já sou o dono de um castelo
de coral com portões de pedra cor de vinho.

Entre os tanques dos reis, o meu tanque é profundo.
Entre os ases da flora, os meus lírios lilases.
Meus pavões cor-de-rosa, os únicos do mundo.

E assim sou castelão e a vida fez-se oásis
Pelo simples poder, ó pôr do sol fecundo,
Pelo simples poder das sugestões que trazes.

(1924)

CREPÚSCULO DE MIRRA

A tarde fecha a cintilante umbela.
Vêm os aromas como uma grinalda
ornar a sombra arroxeada e bela
e ungir os nossos sonhos de esmeralda.

Nuvens de mirra e oriental canela
formam na sombra a singular grinalda.
E a tarde fecha a cintilante umbela
e o vento as asas de dragão desfralda.

A própria lua vem lançando aroma.
Nasce vermelha como a flor de um cardo
e sobre a mirra dos vergéis assoma.

E a noite chega no seu grifo pardo,
cheirando a incenso como o rei de Roma
e como Herodes recendendo a nardo.

(1937)

A MAGNIFICÊNCIA DA TARDE

Voa ao poente a túnica da brisa
se desmanchando em chuva de lilases.
A tarde, ante essa mágica, se irisa
e exibe cores francamente audazes.

A natureza, certo, romantiza...
Há nos jardins fascinações de oásis
e os encantos do olhar de Monalisa
estão nas rosas e nos grous lilases.

De súbito, o crepúsculo termina.
O céu agora todo se reveste
de uma capa de príncipe da China.

E na ponta de um cônico cipreste,
a lua nova paira, curva e fina,
como o chifre de um búfalo celeste.

(1937)

A AURORA E OS LEOPARDOS

São mais violentos que os leopardos
nossos recônditos desejos.
Flor de brasão dos reis lombardos
é a aurora em cândidos adejos.

E eis sufocados pelos nardos
da aurora os monstros dos desejos.
Venceu a aurora os leopardos.
Há um alarido de festejos.

Bandos brilhantes de moscardos
cintilam mais que os azulejos.
Gorgeiam pássaros galhardos.

E em suntuosíssimos cortejos
voam pavões nos ares pardos
lançando esplêndidos lampejos.

(1935-1959)

SONETO AO ANJO

Por tua causa o meu jardim fechou-se
às mulheres que vinham buscar lírios,
quando o poente cor-de-rosa e doce
punha pavões nos capitéis assírios.

Teu beijo como um pássaro me trouxe
o mais azul de todos os delírios.
Por tua causa o meu jardim fechou-se
às mulheres que vinham buscar lírios.

Só tu agora colhes azaleia
e os cintilantes cachos da azureia,
mágica flor que em meu jardim nasceu.

Só tu verás os lírios cor da aurora.
Meu pavão dormirá contigo agora
e o meu jardim dourado agora é teu.

(1930)

É UMA GLÓRIA DA CHINA
A PORCELANA

O azul-celeste dessa paz da China
cintila no esplendor da porcelana.
Nem rosa, nem lilás e nem bonina
a formosura dessa luz empana.

Também na laca e em seda, soberana,
como o dragão no jade, a paz domina.
Dispensa o bronze e a pedra a paz da China
porque prefere o céu da porcelana.

E a paz do céu no templo de cipreste,
quando da laca passa à porcelana,
do próprio azul da glória se reveste.

Sândalo e mirra para a glória humana.
Torre de laca para a paz celeste.
Longevidade para a porcelana.

(1959)

O ENTERRO

O rei de mirra nos dará verbena
para o lençol dessa beleza morta.
E a beleza tão pálida e serena
no enterro sairá por esta porta.

Vendo o lençol de mirra, Madalena
cairá desfalecida lá na horta.
Sentindo a mirra há de chorar de pena
o rei que amava essa beleza morta.

Virá pra o enterro mais verbena em pranto.
E antes que o sol se esconda no paul
enterraremos, não no campo santo,

mas no jardim do bem-amado encanto
o amado corpo tão sereno e santo,
envolto em mirra no lençol azul.

(1933)

ABRIU-SE UM CRAVO NO MAR

A noite vem do mar cheirando a cravo.
Em cima do dragão vem a sereia.
O mar espuma como um touro bravo
e como um cão morde a brilhante areia.

A noite vem do mar cheirando a cravo.
Com palidez de lírio, a lua cheia
surge brilhando e a água do mar prateia
e o mar cintila como um pombo flavo.

O odor de cravo pela noite aumenta.
A noite, em vez de azul, está cinzenta.
Sente-se o aroma até no lupanar.

O mar atira no rochedo o açoite.
Aquele aroma aumenta pela noite.
É o cravo que o dragão trouxe do mar.

(1930)

O PÔR DO SOL DO PAPAGAIO

O papa-vento nos jardins de maio
e o verde papa no seu mar de leite.
O mar, já não é azul, é verde-gaio
num clarão que é relâmpago de azeite.

Se o mar é belo sem que a tarde o enfeite
quanto mais se o enfeitar o sol de maio.
O mar do papa-vento é o papagaio
e o céu do verde papa o papa-leite.

Latadas cristalinas em desmaio.
Tombam flores do céu, meu papagaio.
E o papa-vento é de cristal e leite.

Deite leite, meu mar, pro papagaio.
que o papagaio em verde se deleite
e não se enfeite de outra cor em maio.

(1928-1959)

NA CASA DA AÇUCENA

Eu estive na casa da açucena
conversando com o rei Sardanapalo.
Junto dele, entre ramos de verbena,
a aurora procurava cativá-lo.

O rei da Prússia tocou flauta e avena
e o rei do mar tocou para acompanhá-lo
a cornamusa e a lira sarracena,
o que encantou o rei Sardanapalo.

Foi uma tarde capitosa e amena.
Sardanapalo namorava a aurora
e o mar feriu o peito da açucena.

E um pajem nos serviu em cantimplora
uns licores de tâmara e a serena,
doce ambrosia divinal e odora.

(1926)

CREPÚSCULO

Resplandece o crepúsculo de jade,
de turquesa, de opala e cornalinas.
Pelos céus há pavões. Toda a cidade
é lilás com repuxos de anilinas.

As aves cor de gesso, à claridade
do ocaso, ficam quase solferinas.
A cor dourada agora tudo invade,
tornando as passifloras ambarinas.

A natureza cintilante e amena
sardanapalescamente se decora,
brilhando mais que as asas da falena.

Todo o horizonte de lilás se enflora.
Traja galas de príncipe a açucena.
Não parece o poente, mas a aurora.

(1926)

OS PÁSSAROS DE BRONZE

Bronze no ocaso e vinhos no horizonte.
E o mar de bronze e sobre o bronze os vinhos.
No rei das aves o poder de arconte
e o sangue azul nos rubros passarinhos.

No meu telhado eu vejo em vossa fronte,
meu cardeal, o rubro entre os arminhos.
Pintou Bronzino esses três reis da fonte:
bronze nas asas, no diadema os vinhos.

O bronze imperial lá está na ponte.
E o bronze voa e esses três reis sozinhos.
Bronzes ao longe e outros no mar defronte.

E o bronze abrasa os pássaros marinhos.
E os reis do ocaso, as aves de Belmonte,
cantando ostentam seus brasões e arminhos.

(1959)

NO CAMINHO DO ARCANJO

A incompreensão dos corações risonhos e
o eterno anseio de uma vida bela
levam-te, arcanjo, ao reino da procela
e a essa amargura no jardim dos sonhos.

Irrealizado tudo o que é aquarela
em tua vida de vergéis tristonhos.
Aspirações frustradas na procela.
Mito, quimera, sofrimento e sonhos.

Numa estranha visão se te apresenta
no céu de aurora e entardecer marinho
essa tortura, a dor dessa tormenta:

monstros e feras cor de bronze e vinho.
E entre as quimeras que a procela ostenta
o ser estranho está no teu caminho.

(1959)

O PRIMEIRO SONETO PAVÔNICO

Foge a tarde entre o bando das gazelas.
A noite agora vem do precipício.
Sóis poentes, douradas aquarelas!
Mirabolantes fogos de artifício!

Maravilhado assisto das janelas.
Os coqueiros, pavões de um rei fictício,
abrem as caudas verdes e amarelas,
ante da tarde o rútilo suplício.

Cai uma chuva de oiro sobre os cravos.
O grifo sai do mar com a lua cheia
e as pombas choram pelos pombos bravos.

Um suspiro de amor do peito arranco.
A luz desmaia. E o céu todo se arreia
em vez de estrela de narciso branco.

(1923)

A VIRGEM

Sei de virgem que leva de joelhos
Adorando os poentes de Belmonte,
Quando em vez de dourados ou vermelhos,
Ornam de cravos roxos o horizonte.

Virgem descalça de gentis artelhos
Ama os poentes quando vem da fonte
Com os lindos seios quais pequenos coelhos
E o olhar de imagem, merencório e insonte.

Ela idolatra no poente a mágoa
que o roxo espelha em floração de lírios.
Ama com os olhos marejados de água

os poentes roxos, nunca os poentes tírios
e o pranto enxuga no candor da anágua
vendo-os nas sombras apagando os círios.

(1935)

CAIR DA NOITE

Uma noite azulada vem do monte
cheio de rosas e festões de espinhos.
Cem leopardos puxam do horizonte
o seu carro de bronze pra os caminhos.

O beija-flor dourado de Belmonte
na cauda ostenta a luz da cor dos vinhos.
Tornou-se roxa e cintilante a fonte
como as escamas dos dragões marinhos.

Cisma o arvoredo. A sombra é violácea.
O ocaso é cor de musgo. Docemente,
estrelas abrem pétalas de acácia.

E, enquanto a noite azul a terra invade,
numa pompa fantástica, esplendente,
morro ao luar de amor e de saudade.

(1921)

SAI DO MAR AO POENTE

Sai do mar ao poente uma quimera
e o sonho voa dos jardins do mar.
E o céu, em seu fulgor, tanto se esmera
que parece o jardim de Putifar.

Lá dos montes de nardo a primavera
vem no cavalo que ensinou a voar
e põe o amor e o sonho na galera
em que a magia está singrando o mar.

Mas a noite montada na pantera,
ao ver no céu o lótus tão taful,
das belezas do ocaso se apodera,

mata a quimera e a lança no paul
e o monstro, em que ela monta, dilacera
e o véu de Flora e seu ginete azul.

(1935)

A TREPADEIRA

Chove ouro em pó a flor da trepadeira,
mágico escrínio se entornando à aurora,
Toda a floresta ardente pó joeira
e se tornou celestemente odora.

Cor de ferrugem fica a bananeira,
louro o caládio, em chama a passiflora.
Numa paixão estranha, a terra inteira
pelo amarelo louca se afervora.

Um mar de ouro rola nas raízes.
E o jalde, que cintila na palmeira,
Se catassola em gradações felizes.

E até de tarde a flor da trepadeira
de milagrosos, pêndulos tamises,
jalde e topázio ouríchuva, peneira.

(1927)

OBSESSÃO DO AMARELO

A areia é fulva, o monte é flavo e a flora,
de bronze e de ouro. Sideral capela
adorna o bosque que dourado agora
mais lindo esplende entre os topázios dela.

De um ruivo estranho o lírio se colora
e o trevo exibe um jalde de aquarela.
O áureo matiz até na passiflora
dominadoramente se revela.

Chinês pincel esse esplendor dirige,
lançando agora em cima da folhagem
tanto amarelo que a pupila aflige.

E na paixão mongólica e selvagem
pelos tons de ouro a natureza exige
que os próprios troncos amarelos trajem.

(1927)

PAVÃO VERMELHO

Ora, a alegria, este pavão vermelho,
está morando em meu quintal agora.
Vem pousar como um sol em meu joelho
quando é estridente em meu quintal a aurora.

Clarim de lacre, este pavão vermelho
sobrepuja os pavões que estão lá fora.
É uma festa de púrpura. E o assemelho
a uma chama do lábaro da aurora.

É o próprio doge a se mirar no espelho.
E a cor vermelha chega a ser sonora
neste pavão pomposo e de chavelho.

Pavões lilases possuí outrora.
Depois que amei este pavão vermelho,
os meus outros pavões foram-se embora.

(1937-1959)

ANJO FERIDO

Tu que tinhas as mãos e os pés de santo,
Mais brancos do que os pés da madrugada,
por que deixaste que os ferissem tanto
com flechas e com lanças e a pedrada?

Por que deixaste o monstro do Erimanto
ferir a tua carne tão nevada:
as tuas mãos e esses teus pés de santo
mais brancos do que a estrela da alvorada?

É pena que infamíssimas adagas
ferissem-te, meu anjo todo etéreo,
ensanguentando as tuas mãos tão magas!

Lázaro-Adônis de um palor sidéreo,
como ao Cristo cobriram-te de chagas
os soldados de Anás e de Tibério.

(1936)

ESTÃO AS PROSTITUTAS NO POENTE

Estão as prostitutas no poente
olhando as rosas e adorando as aves.
Oh! como são doridas e suaves
as suas almas onde há chama ardente.

Estão as humilhadas no poente.
Chegam do mar as orgulhosas naves
trazendo bronze pra a fornalha ardente
lá do país que despedaça as aves.

Cansadas de sofrer, as dolorosas
se embriagam de sonho, amando as rosas
e amando os lírios em ideais noivados.

Oh! se embebedam desse doce vinho.
E o fogo marcha com seus pés dourados
nas suas almas onde a dor fez ninho.

(1936)

VÊNUS NA ESPUMA

O mar me encanta porque tem sereias,
lindas mulheres aromais e esgalgas
de puras formas de lascívia cheias,
curvas de pombas, seduções fidalgas.

E rijos colos de azuladas velas
e verdes cabeleiras cor das algas
que tu, ó mar, esplêndido, bronzeias
e com teus beijos azulinos salgas.

Assim me encanta o mar. Porque a beleza
surgiu do mar de dentro das redondas
conchas de nácar, pérola e turquesa.

Adoro o mar porque contém Golcondas
e a doce ninfa nele vive presa
e as graças moram sobre as verdes ondas.

(1927)

O TÉDIO

O tédio tem um coração de hiena.
Vem durante os crepúsculos tristonhos
descer sobre o teu leito de açucena
e amargurar o arcanjo dos meus sonhos.

Sombra sinistra, de ninguém tem pena.
Entristecendo os querubins risonhos
faz sofrer essa alma tão serena
que derrama a harmonia nos meus sonhos.

E agora a hiena o meu jardim devasta.
Destrói a flor das ilusões da aurora,
emudecendo os pássaros, nefasta.

E o anjo ferido se revolta e chora.
E a hiena a rir entre os rosais se arrasta
e o coração do alado amor devora.

(1935-1959)

O TRIUNFO DO AMARELO

Luta o amarelo contra o verde, agora,
no esforço de vencê-lo e confundi-lo.
E assim derrama, esdrúxulo, na flora
sépia, topázio, abóbora, berilo.

Transforma o bronze e anula o jade: e aquilo
que é verde-negro, aurífero, colora.
No esforço de vencê-lo e confundi-lo
luta o amarelo contra o verde, agora.

Aves azuis se pintam chinesmente
de jalde. E a própria flor da rubra amora
toda se pinta de âmbar louro, ardente.

E a luz do sol, sinfônica e sonora,
dos céus rolando, em mágica torrente,
a gama inteira do amarelo explora.

(1928)

CHUVA DE OURO

As begônias estão chovendo ouro,
suspendidas dos galhos da oiticica.
O chão, de pólen, vai ficando louro
e o bosque inteiro redourado fica.

Dir-se-á que se dilui todo um tesouro.
Nunca a floresta amanheceu tão rica.
As begônias estão chovendo ouro,
penduradas dos galhos da oiticica.

Bando de abelhas através do pólen,
zinindo num brilhante fervedouro,
as curvas asas transparentes bolem.

E, enquanto giram num bailado belo,
as begônias estão chovendo ouro.
Formosa apoteose do amarelo!

(1928)

O MAR E O DRAGÃO

O rei do mar declarou guerra à esfinge.
Das nuvens desce a esfinge delirante.
No mar vomita fogo e o mar tinge
de fogo e sangue e de um carmim gritante.

O paroxismo essa batalha atinge
quando o fogo das nuvens em levante
se volta aos céus para queimar a esfinge
e o céu se torna uma visão de Dante.

Em socorro do mar vem a hidra escura:
devora as cores, torna a luz grisalha.
E a esfinge esgota o cálix da amargura

nas garras desse monstro que a estraçalha.
E agora embalde a esfinge se procura
lá no estrelado campo de batalha.

(1935)

A CANÇÃO DO MENINO DO EGITO

Quando surgir o sol no mar dos crocodilos,
irei caçar os grous com setas de açafrão.
E, assim que o pôr do sol ornar-me de berilos,
voltarei ao país das flores do lodão.

Enquanto eu caço os grous e os pássaros tranquilos,
tu ficas nos jardins, beijando o meu pavão.
Só voltarei de tarde, ornado de berilos,
voando pelo mar, montado num dragão.

De lá trarei a flor que dá no Mar Vermelho
e a fênix traz no bico e atira sobre o espelho
do lago, pra que o grifo admire a perfeição.

Também trarei o nardo e a pedra preciosa
e os lótus cor de prata e os trevos cor-de-rosa,
quando caçar os grous com setas de açafrão.

(1935)

AS FLORES DA DUQUESA

Duquesa agora, quando sais de casa,
deitas, mais bela, em teu perfil de musa,
em vez daquele trevo cor de brasa,
um lírio roxo entre os botões da blusa.

Flores assim que tanto à moda apraza,
a própria Vênus de Paris não usa.
Duquesa, agora, quando sais de casa,
deitas um lírio entre os botões da blusa.

Certo que ficas mais gentil, duquesa,
pondo esse lírio cuja cor penosa
inspira a todos ideal tristeza.

De lírio roxo ficas mais formosa,
que um lírio é sempre flor de mais beleza
que um trevo cor de brasa ou cor-de-rosa.

(1928)

A PROCISSÃO DE CLEÓPATRA

A Rainha do Egito, entre os lótus de opala,
finalmente surgiu no poente amarelo.
Na ânsia de contemplá-la o céu se faz mais belo
e o Nilo, que se azula, ao próprio céu se iguala.

E Cleópatra cintila, irreal, sem paralelo,
na charola do sol, pelo Nilo de opala.
É proclamada o arcanjo! E esplende o Nilo em gala
e em luz se desenrola esse momento belo.

Ela vem sobre o andor na barca de berilo.
Exalta-a ao som da lira a alexandrina escola.
E a procissão da deusa é uma lição de estilo.

Em graças de corola e entre os lótus de opala!
E a vê-la como arcanjo, em glória sobre o Nilo,
abre as portas o sonho e a magia se exala.

(1924)

O DESPERTAR DOS ECOS

Dentro da gruta quieta
os ecos dormem na gruta.
A fonte é amiga e discreta.
A noite é persona grata.

Mas eis que um gênio projeta
uma vingança insensata
e, mais veloz do que a seta,
a tempestade desata.

A tempestade vem bruta.
Estronda a noite maldita.
E ao ribombar que se escuta,

acordam, medonha grita!
Dentes rangendo em desdita,
os ecos dentro da gruta.

(1928)

O HORÓSCOPO

Foi o mar que me deu essa auréola sombria.
Do céu foi que desceu essa nuvem tão fria.
Envolve-me o semblante, astral encantamento!
uma sombra, de noite, e uma nuvem, de dia.

Meu broquel é a esmeralda e um pedaço de argento.
O mar é o salso argento e a cor do mar me guia.
Romântico e sensual, no etéreo me apascento.
Antecipo o futuro. É o dom da profecia?

É lícito descrer. Mas a ninfa no Aquário?
Viverei um episódio estranho e extraordinário.
A esfinge me devora e Quíron me alumia.

Tornou-me puro o mar e a cor do mar me guia.
Quem me protege é o mar. Bela, ao meu nascimento,
levanta-se uma Estela, oh! lírica magia!

(1928)

À MEMÓRIA DE PINHEIRO VIEGAS

O sonho é o meu absinto. Oh! (dirão) isto é o absurdo.
Diante da Babel eu finjo que estou surdo.
Se eu tenho a salamandra e tenho o cinamomo,
Que me importa esse uivar da Erínia e do gnomo?

Ficam cheios de medo ao ver meu leopardo.
– Já é demais o absurdo! E esta raflésia? E o nardo?
Reclamam de Sorrento: Apolo com Jacinto
aclaram seus jardins de acanto e de aceranto!

Que culpa que ele tem de Pã vir de Corinto
revelar-lhe o daimon e o já perdido encanto?
E Vênus toda nua, apenas com seu cinto,

trazer-lhe aquele amor, que é alado do amaranto?
Enquanto o sol rodar as flores do helianto,
o sonho é o seu absinto e o absurdo o seu crisanto.

(1937)

JARDIM DE ENCANTOS
É O LILÁS DA NOITE

Jardim de rosas para mim é a noite
e o céu é um campo de abrasadas sarças,
quando o dragão vibra na luz o açoite
e foge o sol para o país das garças.

Lilás nas rosas, se aproxima a noite.
Que importa a trava se há o lilás nas sarças?
Antes que o grifo nos jardins se amoite,
há mil roseiras pelos céus esparsas.

Dragão de plumas se aproxima: É a treva.
E eis que se queima nas ardentes sarças.
E foi-se a treva. Ainda há o dragão co'o açoite.

E antes que o grifo a este rosal se afoite
(mar de delícias é o jardim sem treva)
todo me envolvo no lilás da noite.

(1933)

NO JEQUITINHONHA

Desvaneceu-se a névoa. Ao sol a veia
do rio é prata. O pássaro procura,
tonto de luz, a sombra. Até clareia
o interior da brenha sempre escura.

Fulgor. Ar morno. Abelhas na espessura
a flor azul, do pólen de ouro cheia,
buscam rodando. A abóboda é tão pura!
O vento gira músico e meneia

as frondes. Cresce a luz. Aumenta a gala.
As bromélias desprendem cheiro brando,
brilhantes como fogos de Bengala.

E pelas ramas pêndulas, repletos
de fruta, orvalho e mel, vão orquestrando
clarins as aves, crótalo os insetos.

(1924)

O VINHO E OS AROMAS

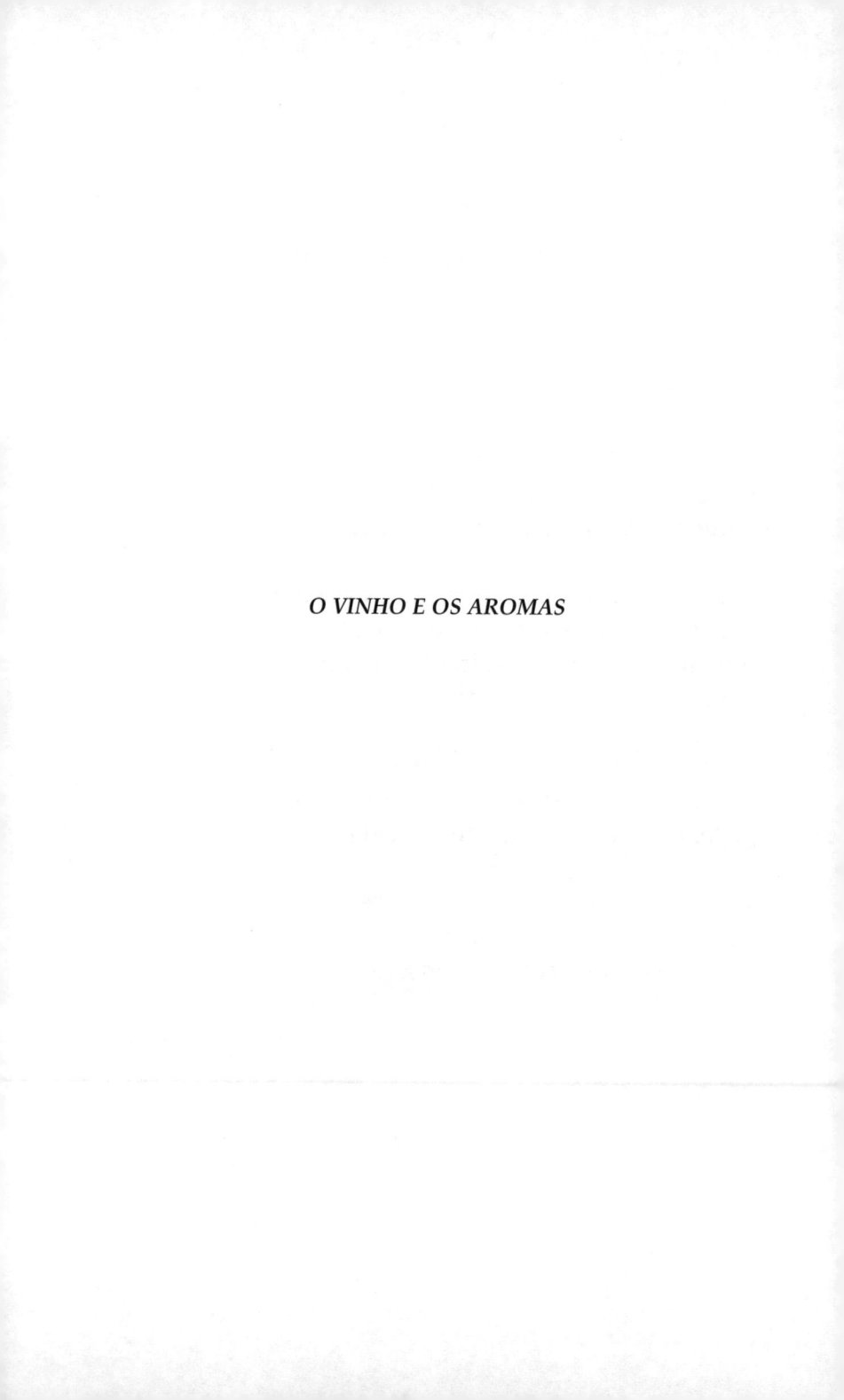

DORME A LOUCURA EM ÂNFORA DE VINHO

Dorme a loucura em ânfora de vinho
e a ilusão está dentro deste poço.
Nunca a verdade esteve neste vinho.
Nunca a verdade esteve neste poço,
nesta cisterna aberta no caminho.
A ilusão é que vive neste poço.
A loucura é que dorme neste vinho.

A ilusão, que está dentro deste poço,
tem a magia do poder do vinho
e pune aquele que não sai do poço
e o que no poço sempre está sozinho.
Castiga, sim, o que não sai do poço,
porém de um modo que não é mesquinho.

Se a tua sombra a cintilar no poço
tem qualquer coisa de uma luz no vinho;
se a tua sombra deu uma estrela ao poço
e deu às águas um clarão de vinho;
se antes o poço não era um mar de vinho.
Era um espelho e se mudou no poço,
era um espelho e já é um jardim de vinho,
cuidado, passarinho:

Há no castigo de se amar o poço
a mesma pena de se amar o vinho.

Aquele moço, que não sai do poço,
sem ver que o espelho se mudou no poço,
foi lançado no lodo, passarinho:
transformou-se naquela flor do poço,
que exala aroma sem possuir espinho.
Já não é um homem que não sai do poço
mas uma flor que não sairá do vinho.

A estrela-d'alva apareceu no poço
com o mesmo brilho de um punhal no vinho.
Cuidado, passarinho,
se a aurora, rindo, penetrou no poço
e seu vestido se manchou de vinho
pois no poema da ilusão do poço
está o veneno do fulgor do vinho.

Supondo que está vivo em frente ao 'spelho,
há um morto se mirando ali no poço.
Não sabe que morreu de amar o poço
nem que é uma flor do poço do caminho.

Foi castigado por amar o poço
e ainda fita o poço com carinho.
E pensa que é um pavão dentro do espelho
quando é uma flor em pântano de vinho.

Não ames a miragem lá do poço.
Não ames só a ti mesmo, passarinho.
Deves amar a um outro passarinho,
mas não afogues o amor-próprio em vinho

para a loucura não acordar no vinho.
Foge deste poço.
Foge deste vinho.
Que a mentira está dentro deste poço
e a loucura está dentro deste vinho.
Xô, passarinho.

(1930)

O VINHO E OS AROMAS

O vinho é uma coisa luxuriosa,
e a embriaguez é cheia de desordens.
Todo aquele que nisto põe o seu gosto não será sábio.
Salomão, Provérbios 20:1

Não olhes o vinho quando te começa a parecer loiro,
quando brilhar no vidro a sua cor;
ele entra suavemente, mas no fim
morderá como uma serpente e difundirá
o seu veneno como um basilisco.
Salomão, Provérbios 23:31-32

Pensei dentro do meu coração apartar do vinho a minha carne,
a fim de passar o meu ânimo à sabedoria e evitar a estultícia...
Eclesiastes 2:3

Feita para os beijos no Éden!
Pois é formada de aromas
de toda sorte de aromas,
menos o aroma de vinho.

É pena que o bem-amado
não seja o guarda do Éden
e sim o dono do vinho
e a beije não lá no Éden
e sim na festa do vinho.

Sendo uma nuvem de aromas
que embriagam Sabaoth,
o gozo que ela oferece
é bem melhor do que o vinho.

Feita para os beijos no Éden
e abandonada no sol
a ponto de seus aromas
ficarem tão concentrados
como o perfume extraído
para uso de Faraó.

O teu nome, amor fraterno,
é um óleo derramado,
uma essência que se esparge,
deslizando em nossa pele.

Feita para os beijos no Éden
e abandonada no sol
até ficar mais trigueira
que o toldo de Faraó.

Feita para o gozo dos lábios
e enegrecida no sol.
Negra, sim, porém, formosa.
É negra, mas é formosa
nossa cor que lembra o cheiro
de uma rosa Príncipe Negro
e os cortinados arábios.

Não repares, Salomão,
em nossa cor tão morena
vir das bandas da Etiópia
para o gozo dos teus lábios.

Por não guardarmos a vinha
que Noé plantou um dia
para o gozo dos teus lábios
teus irmãos cheios de ódio,
com semblante de Caim,
expulsaram-nos do Éden
e a sarça ardente queimou-nos
nos incêndios dos desertos.
E a nossa cor que era clara,
dentro daquela fornalha,
ficou escura e trigueira
a ponto dos seus aromas
se tornarem concentrados
como os perfumes celestes
da filha de Faraó.

Flor dos campos odorante
atirada pelos anjos,
em sua ira de fogo,
do jardim do paraíso
às moitas de sarça ardente,
a nossa cor que era clara,
queimou-se, ficou trigueira,
e ao passar pelo deserto
foi como vara de fumo
composto de cássia e mirra,
de incenso e de toda a casta
de polvilhos odoríferos.

Foi assim, ó bem-amado,
que a nossa cor se mudou
e com ela a nossa sorte.
E eis-nos uns vagabundos

Atrás de alheios rebanhos.
Por desprezarmos o vinho
e a embriaguez de Noé
fomos assim castigados
pela justiça dos Sábios
e desse enorme castigo
ainda temos os ressábios.

Expulsos da tua vinha
abrigou-nos a Etiópia
cujo sol nos fez trigueiros
como os cortinados arábios
e regressamos agora,
com a rainha de Sabá
entre nuvens de perfumes
às tuas fartas adegas,
onde servimos de dia
pois que passamos a noite
nos oiteiros dos aromas.

Durante o dia lidamos
nos vinhedos de Engadi
mas à tarde atravessamos
o ribeiro de Cedron
a fim de passar a noite
no jardim das açucenas,
embaixo das oliveiras,
refugiados nas grutas
e nos côncavos das árvores,
formosa cama de corças.

Nossa pele tão escura
é o veludo de uma pomba.

Colares, balagandãs
pendem dos nossos pescoços
como da torre davídica
estão pendendo os escudos.

Precisamente, esta tarde
nos ofertaste colares,
presente que se costuma
adjudicar a Faraó:
grossas correntes de ouro
marchetadas de pontinhos de prata.
E como tal presente régio
revelaste o muito amor
que tu tens a Sulamita.

Vindos de lá da Etiópia,
da região dos aromas,
estamos em tuas adegas,
estamos em tuas cozinhas
e em tuas copas também;
mas porque nossas carícias,
por contraste deleitável,
são mais doces do que o vinho,
arrasta-nos, bem-amado,
para as tuas camarinhas
e pela calada da noite,
quando rugem os leopardos
lá nos montes de Senir.

Nossas cabeças se apoiam
já sobre teu braço esquerdo.
Mas a tua, ao direito,
ainda não nos abraça.

Por enquanto, Salomão,
o teu amor é um suspiro
florindo a medo na vinha.
É uma saudade mimosa,
que escondes de teus amigos.
Embora vindo do Líbano,
ainda não fomos beijados
nas cavernas dos leões,
nos montes dos leopardos.

Entretanto, vos pedimos
ó filhos de Jerusalém,
pelas gazelas dos campos
e o cordeirinho de Deus,
que jamais nos perturbeis
o sono quando estivermos
no leito de Salomão,
muito embora a sua destra
ainda não nos abrace.
Depois nos abraçará.

Em verdade, Salomão,
nossa cor é tão trigueira
como as tendas dos arábios.
Tu és alvo e rubicundo,
nós, porém, somos trigueiros
como os toldos dos suábios.

Mas, amado, considera:
a nossa cor é morena
como esses teus cortinados
que sendo negros por fora
escondem tantas alvuras,

pois os teus peitos são brancos
como dois pombos ebúrneos,
e o teu ventre faz lembrar
as louras palhas de cama
debaixo das açucenas
e o louro pendão das flechas
rodeadas de pombinhos
vindos dos montes arábios.

Não repares, Salomão,
em nossa cor tão morena
vir das bandas da Etiópia
para o gozo dos teus lábios.
Felizmente reconheces
que nossos peitos de ébano
são melhores do que o vinho.
De fato, são ramilhetes
de mirra resplandecente.

Os nossos peitos escuros
são peitos de Sulamita.
São vidros de fina essência
dentro de estojo de prata.
São duas urnas de ônix
cheias de rios de aroma,
onde se sentam as pombinhas
que dos vinhedos debandam
em busca das açucenas.

Irmãozinho e doce amigo,
deixa-nos tocar em teus peitos,
em teus seios de marfim
azulados de safira.

Tocar com nossas mãos negras
em teus dois peitos de arcanjo
é um prazer muito melhor
de que beber o teu vinho.

Ó amado de noss'alma,
deixa-nos tocar hoje à noite
em teu ventre de marfim,
que é tão branco e delicado
que devia ter um útero,
como Adão no paraíso
antes de Eva nascer.
Antes de Deus arrancar
a mulher que estava nele.
Antes de Deus separar
os sexos ao hermafrodita.
Antes de Deus dividir
o arcanjo de dois sexos,
o formoso sem ambíguo,
num homem e numa mulher.

Ó carne de nossa carne,
costela de nosso peito
arrancada no paraíso
durante um sonho de amor,
deixa-nos tocar em teus peitos.

Tuas ancas, Salomão
são uma obra-prima ebúrnea.
Tuas ancas são as ancas
de uma Vênus de marfim
Tuas ancas têm a curva
de uma lira de marfim.

Tuas ancas têm o formato
de um pêssego de marfim.
Oh! Tocar em tuas ancas
é um prazer muito mais doce
do que beber o teu vinho.

Felizmente, doce amigo,
passou o tempo de inverno.
Terminou aquele tempo
em que não nos conhecias
e alguém nem mais se lembrava
que era um dos nossos irmãos.
Cessaram de todo as chuvas.
Ah! Chegou a primavera.

Voltou a quadra querida
de nossos lindos amores.
As flores reapareceram
na terra que é nossa e tua.
Desde que nos encontraste
em pleno campo entre o gado
a voz da rola se ouviu
na terra de Canaã,
da qual fomos despojados
por termos a tua vinha
em conta de coloquíntida
amarga e venenosíssima.

Chegou o tempo da poda
e das canções pela volta
das anêmonas à terra,
da ressurreição das flores,
das festas em regozijo
pelo regresso de Adônis.

Chegou o tempo do amado
abrir e provar seus vinhos.
E vai haver o banquete
que dás no jardim do incenso
às donzelinhas da corte,
aos teus amigos caríssimos,
aos mais cândidos dos homens
e aos retos que te admiram.

Já pendem no átrio do bosque
grinaldas de cinamomo
e pavilhões de jacinto
suspensos, por cordões finos,
das colunatas das árvores,
das árvores mais odoríferas
como pendões desfraldados
dos arcanjos em batalha.

Colunas d'oiro se assentam
nos canteiros aromáticos.
Pombas lavadas em leite
suspendem ninhos de mirra
nos galhos de cinamomo
com umas fitas de escarlate.

Tabernáculos de púrpura
duas vezes tinturada
em pleno campo se armaram,
mais formosos do que a murta
na festa dos tabernáculos.

Transformaste a tua parra
em átrio do paraíso.

Há leitos d'ouro dispostos
sobre alcatifas de flores,
junto aos celeiros do rei
onde o teu vinho é medido
e tomado o seu sabor,
pois, vindimado no outono,
passou o inverno e verão
armazenado no bosque
à espera da primavera
quando os serventes das bodas
lhe vêm tomar o sabor
ao mando do arquitriclino.

Formosas cabras monteses
e veadinhos do campo
passeiam por entre os leitos
como cabritos sagrados
da filha do Faraó.

O nosso leito é o mais belo
porque se adorna de flores
e ostenta um reclinatório
de cedro coberto de ouro.
E o teu banquete campestre
tem tal fausto e esplendor
que todos os teus convivas
bebem por vasos de ouro
uma vez que se reputa
a prata por pouco preço
na corte de Salomão.

E ninguém é constrangido
a beber o que não quer.

Antes se tem ordenado
que cada qual livremente
escolha o que bem quiser.
Assim é que preferimos
certo licor de romãs
que reconforta e reanima
a quem desmaia de amor.

Ao teu vinho preferimos
confortativos de flores
e pomos que nos alentem
pois que de amor desmaiamos.

E El-rei nos vem buscar.
Ele próprio nos incita
a apressar os atavios.
Vem saltando sobre os montes.
Atravessando os oiteiros.
Abandonou o vinhedo
pelas paragens do aroma.
Semelhante a um veadinho
salta por sobre as açucenas.
Galga as veredas de mirra
que resplandecem de luz.
Vinga todos os caminhos
formosos da sapiência.
E nós saímos correndo,
gazelas atrás de ti,
pelo teu rastro de aromas.

Cheios de enfeites, nos vamos
com braceletes nas mãos
e argolinhas nas orelhas,

correndo atrás da gazela
pelos oiteiros de aromas.

Chama-nos e nós corremos
ao teu encontro guiados
pelo rastro de perfumes
que tu deixas quando passas
para a vinha de Engadi.

A ti nos aferraremos
e jamais te largaremos
até que te introduzamos
em casa de nossa mãe,
levando-te enfim à câmara
daquela que nos gerou,
aromático recanto
em baixo da romãzeira.

Ó tu que vieste aos campos
de lá de Jerusalém
num palanquim de cipreste
com uma guarda de honra
composta de homens armados,
dos mais fortes de Israel,
a fim de passar nas quintas
a festa em honra do vinho,
vem correndo pelos montes
chamar-nos para o festim.
Pois não. Leva-nos. Sim.
Somos teus, leva-nos, sim.
Arrasta-nos aos teus celeiros
pelas veredas formosas
e muitos nos alegraremos

e de prazer saltaremos
uma vez que bem sabemos
que os teus dois peitos ebúrneos
são melhores do que o vinho.

Se de uma coisa lembramos
é que teu amor é perfume.
E, de fato, bem-amado,
a qual das plantas do bosque
havemos de comparar-te?

À vinha que tu compraste
e está em Baal-Hamon?
Não à vinha, mas decerto
à macieira do bosque,
à cuja sombra assentamos;
à sombra amiga daquele
a quem tanto desejamos,
afinal nos reclinamos.
Oh! Esta sombra fagueira
da edênica macieira
é como cadeirinha
de madeira perfumada.
É um leito de Salomão
com colunatas de prata,
reclinatório de ouro
e uma subida suave,
atapetada de púrpura
e o meio de tudo ornado
do que há de mais deleitável
em atenção às donzelas.
Nossas cabeças se apoiam
já sobre o teu braço esquerdo.

Mas a tua mão direita
ainda não nos abraça.

Muito embora tu prometas
que seremos coroados
com teu diadema de núpcias,
em cerimônia ruidosa
à vista de todo mundo,
bem no alto do Amaná
e no cume do Sanir,
nos próprios cimos do Hermon
e nas grimpas desses montes,
onde os leões têm cavernas,
apesar dessa promessa,
os soldados das muralhas,
se à noite te procuramos,
são para nós como búfalos
e os filhos dos unicórnios.

Temos pois sofrido afrontas
por serdes o nosso amado,
Ah! nos tornamos estranhos
aos nossos próprios irmãos.
Somos uns desconhecidos
aos filhos de nossa mãe.
Ah! Contra nós há murmúrios
entre os sentados à porta.
E nos dirigem remoques
os embriagados de vinho.
E tu próprio, Salomão,
não nos dás completo abraço.
Ensaias somente os passos
para o abraço verdadeiro.

E um dia nos ultrajaste,
segredando aos teus amigos
que estavas farto de nós,
do nosso mel e perfume.
Ah! Nessa noite, querido,
quando vieste nos ver
em nosso oiteiro do Líbano,
em nossa linda favela,
coberta de macieiras,
casa com tetos de flores,
balaustradas de cipreste
e avarandados de cedro,
nós não te abrimos a porta.

Foste embora suspirando.
Mas como tu estivesses
todo molhado de orvalho,
tivemos pena de ti
e ficamos com saudade.
Saímos à tua procura:
Onde está o nosso amado?
Quem viu aquele pombinho?

Volta, volta, lindo efebo,
ó mais formoso dos homens,
para que nós te miremos
marchando sobre açucenas,
pois os teus passos airosos
nesse calçado de príncipe
têm um quê do andar de Vênus
quando caminha apressada
para os encontros com Adônis.

Que delicada beleza
é a tua, bem-amado!
Composto de perfeições
suprassumo da beleza
tens a graça de uma virgem
num pajem de faraó.
Para nós é que te voltas,
quando abandonas a vinha,
seduzido pelo cheiro
que os nossos peitos exalam
como um jardim de romãs.

Quando seremos ditosos
a ponto de sermos irmãos,
os teus irmãos, Salomão?

Todos somos filhos de Eva.
Quando estaremos pendentes
dos peitos de nossa mãe Eva
junto de ti Salomão?
Quando chegará esse dia
de não sermos desprezados
para te darmos o beijo
por que tanto suspiramos?

Por enquanto, Salomão,
tu nos ama escondido
e quando te procuramos
tarde da noite os soldados,
que rondam Jerusalém,
guardando a vinha do rei,
nos espancam com as espadas,
arrancando os nossos mantos

que disputam calmamente
tirando aos dados a sorte.

Ah! Quando formos irmãos
e estivermos todos pendentes
dos peitos de tua mãe,
nos levarás pela mão
à casa de nossa mãe Eva,
que foi violada debaixo
de uma bela macieira
e não debaixo da vinha.

Debaixo da macieira
a doce planta do amor,
é que Eva te concebeu
pacífico Jedidiá,
Abel, príncipe da paz
Cristo, ungido de Deus.
Debaixo da macieira,
entre os aromas da tarde,
é que Eva foi violada.

Ah! Foi na hora do incenso,
quando trescala o incensório
na mão do arcanjo que incensa,
é que perdeu a pureza
a que nos gerou do Éden.
E lá no jardim de Eva
quererás dar-nos o vinho
com essa sua sapiência.
Nós porém te ensinaremos
a fazer um outro vinho
com maçãs em vez de uvas.

Vinho de uma nova espécie,
de confecção aromática.
Verdadeiro preparado
de liquefeitos aromas.
Extrato de maçãs doces
colhidas no paraíso.
Fórmula dos perfumistas
da rainha dos aromas.
Composição superfina
de especieiros sabeus.

Mas enquanto não desponta
esse dia suspirado,
vem visitar-nos de noite
na pontinha dos teus pés
e depois de saciado
em teus amores ocultos,
antes que surja a alvorada
foge, gazela adorada,
por este monte de aromas,
regressando, antes do dia,
para a vinha de Engadi.

E na tua disparada
pelas veredas de mirra,
atropela as açucenas
semelhante aos veadinhos
pelos montes de Beter.
Foge, arisca corsazinha,
que da mão nos escapou
e se enredou entre aromas.

Oh! Foge, doce gazela,
até que desponte o dia

de regressarmos ao Éden,
agora horto cerrado,
regado por fonte oculta
e guardado noite e dia
pelo grande arcanjo armado,
recanto de cinamomo
com produções de romãs
e um certo pomo dourado,
verdadeiro céu aberto
dentro de um jardim fechado,
que um dia será aberto
dentro de um jardim fechado,
que um dia será aberto
aos filhos de Sulamita.

(1950)

VERSOS DE UMA ERA EXTINTA

A BARCAROLA DA NOITE

Para Alves Ribeiro

A noite vem numa falua
e a brisa vem do mar nos botes.
O mar cintila e espera a lua
e tem a cor de um miosótis.
A luz do acaso é tão bizarra
que lembra a chama dos archotes.
A noite vem entrando a barra
tão negra como os hotentotes.

A noite vem entrando a barra
trazendo o aroma lá das ilhas.
Sonoro como uma cigarra,
o mar dedilha uma guitarra,
improvisando redondilhas.
A cor do ocaso é tão bizarra
que lembra o pó das cochonilhas.

A noite vem numa falua
e a brisa vem do mar nos barcos.
Surgem redondas como a lua
rosas de fogo pelos arcos.
Um véu de opala além flutua
e andam santelmos pelos charcos.

A noite vem entrando a barra
mais aromal do que as baunilhas
e as açucenas de Navarra
e as orquídeas das Antilhas.

A noite vem numa falua
entrando a barra, entre as galeras.
As sombras trazem para a rua
rosas de estranhas primaveras.
Eis que ansiosas pela lua
as ondas gritam como feras.
O mar no entanto cintilando
parece a flor de um miosótis
e o olhar de opala das quimeras.

Os ventos passam fustigando
como demônios com chicotes.
Surge uma estrela recordando
o anel lilás dos sacerdotes.
Os ventos passam fustigando
as próprias árvores austeras
e vão aos uivos como um bando
de velocíssimas panteras.

A noite vem entrando a barra
mais aromal do que as baunilhas.
Com suavidades de guitarra,
o mar oscula as verdes ilhas.
O vento traz a cimitarra,
com que cortou jasmins nas ilhas,
e corta as ondas lá da barra.
Como serpentes em rodilhas,
as ondas silvam junto às ilhas

e vão florindo pela barra
ramos de brancas granadilhas.
E o mar parece uma cigarra,
todo o rendado de escumilhas.

A noite vem entrando a barra
para dormir aqui no porto.
Parou dos ventos a fanfarra.
Os ventos foram para o horto,
dentro do bojo das galeras.

Trazem das ilhas as galeras
flores brilhantes como archotes.
Trazem das ilhas as galeras
cravos como mirra nas anteras
e os lindos ramos das gérberas
e os orientais estefanotes.
Trazem das ilhas as galeras
cerusa em cândidos pacotes,
vinhos em urnas e em crateras
e esses estranhos rapazotes
com o ar de deuses de outras eras.

A noite vem numa falua
e a brisa vem do mar nos botes.
O mar cintila e espera a lua
e tem a cor de um miosótis.
A luz do ocaso é tão bizarra
que lembra a chama dos archotes.
A noite vem entrando a barra
tão negra como os hotentotes.

(1930)

BRASÍLIA

A mãe do mato
é a mãe das flores
é a mãe das frutas do mato.

A mãe do mato
é a mãe do peixe especial e gostoso
feito em leite de coco.
Só o peixe do mar de Santa Cruz
é bom.

Ela é a mãe da farinha
que vem da roça na muqueca.
Ela é a mãe da farinha puba,
da farinha tinga
e da farinha tapioca.

A mãe do mato
é a mãe dos passeios ao campo
da mangaba, da gramixama
e da mixacurumba.
Só mesmo o cágado da história
pode esquecer
esta delícia dos galhos do mato:
a onomatopeia da mixacurumba.

Mãe do mato
só toma banho nesta cuia do mato
cheia de água de um braço quente
e de um braço frio,
água quente que vem da praia
e a água fria
que vem por debaixo do mato.

A mãe da poesia da terra,
mãe das coisas puras
e naturais da vida,
essa mãe do mato
é a minha mãe.

(1957)

A APOTEOSE DAS PARCAS

O amarelo exerce a hegemonia
em todos os crepúsculos das horas.
O amarelo é a cor da alegoria
que a morte arranja para os que, durante o dia,
vão morrer:
as ilusões das horas
e estas horas de sonho e de harmonia,
e este sonho de amor na tarde fria,
as tristezas que estão nas passifloras
e as esperanças que em meu peito havia
e andam pairando em região sombria;
a beleza das ixoras,
os pavões, os gnomos da poesia
e a venenosa multidão das mandrágoras.

E o amarelo na luz do fim do dia
Apoteosa esse tombar das horas.
Repete-se este drama todo dia.
Envolve o encanto a essa melancolia:
Ouro tombando no final das horas.
bruma de ouro no final do dia.
E as parcas, soberanas e senhoras
do destino do amor e das auroras,
dão ar de pompa a essa monotonia.

No arranjo que conduz à alegoria,
aureola o amarelo o fim das horas.
E há uma chuva de ouro entre as ixoras.

O amarelo exerce a hegemonia
em todos os crepúsculos das horas.

O amarelo é a cor da indiferença
grandiosa, decorativa dos tetrarcas.
Nele palpita, esmagadora e imensa,
a indiferença
dos Herodes, dos Médicis, dos Barcas.

O amarelo anuncia
a aparição patética das parcas
que matam com a frieza
dos venenos sutis da Renascença
de Veneza.

O amarelo é a cor da indiferença
ornamental
dos que na Idade Média de Florença
mataram com veneno ou com punhal.
Ele engrinalda o fim da Renascença
e o entardecer da glória de Veneza.

O amarelo é o senhor absoluto
das horas de declínio, outono e poente.
Surge na estrela a se apagar da sorte.

O amarelo é o preâmbulo do luto.
Ele é alvorada triunfal da morte.

E as parcas fiandeiras do amarelo
já não são três mas são sessenta
em cada minuto.
Com o instrumento, que nos corta o anelo,
e a roca e os fusos, todo seu tesouro,
as parcas fiandeiras do amarelo,
cortando o elo da vida aos sonhos de ouro,
sem nunca usar espadas nem cutelo,
vão realizando esta obra de âmbar louro.

Vão nessa faina, em que não há martelo,
nem cimitarras, nem alfange mouro,
desenrolando a trama do amarelo;
e o resplendor de âmbar do besouro.

Do velocino o fio é já mais belo
e sempre o velo em suas mãos de ouro.
Na expectativa de um fulgor vindouro
vão enrolando em fusos o amarelo;
cortando os fios e cortando ouro,
promovendo o repouso e a metempsicose,
nesse trabalho que não é desdouro,
austeras sem temer metamorfose.
Eis a harmonia e a morte em simbiose:
fusos girando e com tesouras de ouro
cortando os elos numa apoteose.

(1928)

BÚFALO DE FOGO

Para Jorge Amado

Anoiteceu. Roxa mantilha
suspende o céu do seu zimbório.
Que noite azul! Que maravilha!
Sinto-me, entanto, merencório.
Dentro da noite, Ilhéus rebrilha
qual grande búfalo fosfóreo,
enquanto as flores da baunilha
são como um cândido incensório.

Estão as casas figurando
como que um bando de camelas
a descansar sob as estrelas
em sideral reclinatório.
Longe, o farol de quando em quando
luze no plano das estrelas
como uma opala num zimbório.

Quem foi que trouxe os dromedários
para este vale que se encanta?
Foram decerto os visionários;
aqueles homens legendários
trouxeram, pois, os dromedários.
Não foram, pois, esses sicários
e nem tampouco o sicofanta.

Anoiteceu. Roxa mantilha
suspende o céu do seu zimbório.
Que noite azul! Que maravilha!
Sinto-me entanto, merencório.

Envenenou-me a mancenilha.
Ah! porque sei que o ideal é inglório,
tenho a tristeza de uma ilha
perdida em pélago hiperbóreo.
Dentro da noite, Ilhéus rebrilha
qual grande búfalo fosfóreo,
caído em rútila armadilha
como um tesouro venatório.

Andam no mar ceroferários
com as cerofalas dos Templários
como no enterro de uma Infanta.
O mar se encheu de lampadários
e brilha com os hostiários
e os mais preciosos relicários
e um colossal fogo-de-planta.
Oh! este mar dos lampadários
não brilha como os serpentários
e as pedrarias dos corsários
nem como as roupas do hierofanta.
Nem como o anel dos argentários
e os ouropéis do sacripanta.
E a onda glauco Stradivarius
forma um violino e então descanta.
Sobe um perfume dos sacrários:
incenso ou mirra sacrossanta.
Vem ver o vento os dromedários
correndo mais do que Atalanta.

Estou no cimo deste monte,
a cavaleiro da cidade.
Ora, maior do que um mastodonte,
avança a treva para o monte,
passa por cima da cidade
e cinge o monte e agora o invade.
Saiu do mar o mastodonte
e cobre agora a imensidade.
Por que não vem Belerofonte
matar Tifon que os céus invade
com o ar sombrio de Caronte
e do infernal Marquês de Sade?
Mata esse monstro, Laocoonte.
Pede um punhal à imensidade.
Como um brilhante anel de arconte,
cintila à noite esta cidade.
Dentro da curva do horizonte,
Ilhéus recorda, ao pé do monte,
um grande búfalo bifronte
com olhos rútilos de jade.

Anoiteceu. Tudo rebrilha.
Sinto-me entanto, merencório.
A estrela está dos céus na trilha
brilhando mais do que um cibório.
Caindo em gotas na baunilha,
o orvalho é um lírico aspersório.
Oh! surge a negra mancenilha
no olhar de dom Juan Tenório.
Formosa pérola casquilha
lembra a corola da baunilha,
um madrigal em redondilha
e um angélico incensório.

A noite pôs sobre a mantilha
negro adereço de avelório
e pôs também a gargantilha,
grande colar de estrelas flóreo.
Como as formosas de Sevilha,
a noite vai ao desponsório.

Não quis brilhar para o noivado
da noite, a lua, aquela joia,
Não quis, romântica Lindoia,
pelo infinito constelado
rodar a rútila tipoia.
Não quis sair do mar dourado
brilhando mais do que o papado
e que a coroa de um ducado
e que um soneto elogiado
de um velho bardo de Pistoia.

Não quis a lua andar no prado
que está no céu todo estrelado
e tem mais brilho que um noivado
e os quadros rútilos de Goia.
Não quis a lua, o rosto amado,
boiar dos céus na claraboia,
como um semblante decepado
de uma princesa de Saboia.

Não quis brilhar para o noivado
a lua, Helena astral de Troia.
Dentro da noite, iluminado,
despede Ilhéus clarões de joia
qual grande búfalo encantado,
com cem pupilas de jiboia.

Dentro da noite sussurrante
pela canção das brandas auras,
Ilhéus recorda, neste instante,
um grande búfalo gigante
que, perseguido por centauras,
por ter os olhos de brilhante
e ser mais rápido que as auras,
veio agachar-se, palpitante,
ao pé do morro, entre as centauras.

Anoiteceu. Pede a mantilha
o céu à noite em doce rogo.
O bravo pélago dedilha
cantos mongólicos de Togo.
Protervos ventos em mantilha,
como cem feras em regougo,
fazem da noite na Bastilha
revoluções de demagogo.
Ventos, ladrões de uma quadrilha,
depois do crime, vão pro jogo.
Dentro da noite, Ilhéus rebrilha
qual grande búfalo de fogo.

(1928)

MAIO

Maio nasceu nas grutas das colinas.
Nas colinas azuis Maio nasceu.
As suas mãos são pombas cristalinas
e paira-lhe na boca, entre cravinas,
o sorriso melódico de Orfeu.
Maio nasceu nas grutas das colinas.
Nas colinas azuis. Maio nasceu.
Ao pé de Maio as musas bailarinas
estão bailando esgalgas e mais finas
que uma jarra, uma lira, um caduceu.

Maio nasceu nas grutas das colinas.
Não vá feri-lo o temporal judeu!
Seus cabelos são como os das ondinas,
verdes madeixas muito esmeraldinas,
mais verdes do que os olhos de Nereu,

Porque maio nas grutas das colinas
há cinco dias, cândido, nasceu,
a terra veste galas e boninas
e está, por entre as rosas solferinas,
mais bela que a Marília de Dirceu.

Maio nasceu nas grutas das colinas,
com seu lindo perfil de camafeu.

Maio das rezas, das canções divinas,
irmão das doces musas bailarinas,
filho das rosas, adorado meu.

(1928)

QUEM CANTA SEUS MALES ESPANTA

Eu faço versos
para espantar meus males.
Para espantar os tigres
que vivem rondando.
Para afugentar os monstros
que não me deixam nunca.
Para me livrar dos espetros
que sempre me aparecem.

Eu faço versos
para espantar meus males.

(1940)

DUAS FESTAS NO MAR

Uma sereia encontrou
um livro de Freud no mar.
Ficou sabendo de coisas
que o rei do mar nem sonhava.

Quando a sereia leu Freud,
sobre uma estrela-do-mar,
tirou o pano de prata
que usava para esconder
a sua cauda de peixe.

E o mar então deu uma festa.

No outro dia a sereia
achou um livro de Marx
dentro de um búzio do mar.

Quando a sereia leu Marx
Ficou sabendo de coisas
que o rei do mar nem sonhava
nem a rainha do mar.

Tirou então a coroa
que usava para dizer

que não era igual aos peixinhos.
Quebrou na pedra a coroa.

E houve outra festa no mar.

(1934)

PEDRA REJEITADA

Sofrimento que passei
na masmorra do Parnaso.
Amarguras que me deu
aquele palácio de Antipas.
Angústia de quem tem presas
as mãos em doze correntes.
Os meus pés foram apertados
em sete sapatos de bronze.
Quanto sofreram meus pés
na sala do mar de bronze.
Estive às portas da morte
no forte de Maquerunte.
Séculos e séculos fui Tântalo
na casa dos copos de ouro.
Passei por negros tormentos
na casa do altar dos perfumes.
Conheci de perto o Inferno
naquela casa fatal.
Suplícios que me infligiram
na câmara de Faraó.
Minha alma foi posta a ferros
na casa dos sete véus.
Torturas que padeci
na casa dos Macabeus.
Fui tratado como louco

na casa dos pavões brancos:
a minha inocência foi posta
numa camisa de força.
Felizmente fiquei livre
da sala da Inquisição.
E hoje nem quero pensar
naquela Bastilha horrorosa
levantada por Herodes
com pedra de cornalina
e com uma vinha de ouro
pendurada em cima da porta.

(1940)

O BILHETE COMEÇADO PELO BOA-NOITE

Prezado senhor Sosígenes.
Boa-noite, amigo e senhor
Começo este bilhetinho,
dando boa-noite ao senhor.
E mando este bilhetinho
pelo próprio marmiteiro
que leva o jantar pro senhor.
Queria mandar-lhe um peixinho
mas não achei, meu amor,
o povo daquela banca
parece que não tem pudor;
assalta a banca de peixe
parecendo até os assaltos
de César, o conquistador,
e eu fico sem ter um peixinho
pra mandar para o senhor.
Queria mandar-lhe um peixinho
espetado numa flor.
Há tantas flores, agora,
no meu quintal, meu senhor,
que enfeito os meus pratinhos
com ramalhetes de flor.
Isto é, certos pratinhos
que mando para o senhor.

Queria mandar-lhe o peixinho
que me ensinou a nadar
pra sentires a beleza
daquele gozo do mar.
Amanhã, eu mandarei
um jantarzinho melhor.
Vá desculpando este bife
que suponho que está pife.
Se não gostar desta peça,
pode mandar me dizer
que não ficarei zangada,
soltando sete suspiros
e treze lágrimas de amor.
Ao contrário, ficarei
satisfeita com o senhor
pois não sei o que tu gostas...
Sim, coração, do que gostas?
De marisco ou outro petisco?
Moreninho, do que gostas?

É de sonhos, meu senhor?
É de suspiros ou cocada?
Ou é de papos de anjo?
Ou é de beijos de amor?
Senhor Sosígenes, eu soube
que o senhor é tão calado!
Fale, meu coração.
Me mande um recado de boca
sobre o assunto, por favor.
Moreninho, dá-me um beijo
que eu te darei, meu senhor,
uma coisa na bandeja...
adivinhe o que será?

Sonho e suspiros...
Docinhos feitos com o Amor.
Isto não é uma cartinha
que eu mando para o senhor,
pois comecei estas regras
dando boa-noite ao senhor,
em vez de usar de etiquetas
que não uso com o senhor.
Isto é um recadinho
da respeitadora
dona da pensão.

(1940)

CANÇÃO DE AMOR

Não me apareças no arco-íris.
Não me faças sofrer.
Não me surjas sobre a aurora,
me fazendo padecer.
Não me aumentes este amor
que eu não posso mais sofrer.

Oh! não sei por que agora
deste para me aparecer
não só dentro do arco-íris
como dentro do meu ser,
dentro do meu pensamento
e não sei o que hei de fazer
para não vires do Oriente,
me fazendo padecer.

É dentro de uma rosa
que agora me vens ver.
Não me faças mais isto.
Não me faças sofrer.

Tu me trouxeste a lua
na hora de entardecer.
Por que fizeste isto?
Por que me fazes sofrer?

Depois que me deste a lua
sem perceber o meu sofrer,
me trouxeste a estrela-d'alva
na hora do amanhecer.

O teu corpo é tão moreno
como a terra ao anoitecer.
Carne de Sulamita,
não me faças padecer.

Quando eu menos espero,
me apareces em casa
com teus pezinhos de prata,
me aumentando este amor,
me fazendo sofrer.

Não vês que eu falo
com as lágrimas nos olhos?
Não me aumentes este amor.
Não me faças sofrer.

Olha, tirei a máscara
que se usa sobre o rosto
para veres como eu sofro
sem o mundo perceber.

O teu nome eu não digo
porque eu não posso dizer.
A minha boca está fechada:
É minh'alma que está falando.

Levarei para o túmulo
o segredo do teu nome.

O teu nome é um segredo
que eu não posso revelar.

Eu digo o milagre
que me tem acontecido
com essa aparição
que me faz tanto sofrer,
mas o nome do santo
eu não posso dizer.

(1940)

PALHAÇO VERDE

Palhaço verde, o mar na área ruiva
grita e gargalha, salta e cabriola,
como quem sofre, lírico, da bola.

E, querendo assombrar as moças, uiva,
brame, arremete e explode, o mariola,
abrindo uma alvacenta ventarola.

O mar é sempre o mesmo rapazola!
O mar é sempre o mesmo brincalhão
que, todo verde pela areia ruiva,
faz-se palhaço, bobo e valentão.

Vinde ver o bufão de roupa verde,
ver o bobo da corte de Netuno.

Na tarde cor-de-rosa, a roupa verde
do mar parece o tal pavão de Juno.

Cai a noite. Do mar a roupa verde
fica de um verde negro, verde bruno.

Crianças, vinde à corte de Netuno
ver o palhaço verde gracejar.

Crianças, vinde ver cabriolar
pela areia amarela o verde mar.

(1928)

ÍNDIO BOM É ÍNDIO MORTO

"Índio bom é índio morto",
pensamento natural
de quem se apossou do porto
desta Índia Ocidental.

O cristão é que é a bondade.
Vivo ou morto. É natural.
Na estrita fidelidade
a Cristo e a seu ideal,
o seu sonho de bondade
é espalhar a caridade,
a pureza e a santidade
nesta Índia Ocidental.

Sonho de luz, em verdade,
sonho de santo e de frade
é o que empolga a cristandade
trazendo para este porto
a armada do Santo Graal.

Mas o índio fica absorto,
vendo esta armada no porto,
ante o ditado fatal:
"Índio bom é índio morto".

Burilado em ouro e jade,
esse conceito fatal
é um ruim verso de jade
da epopeia ocidental.

(1956)

BELMONTE, TERRA DO MAR

A ROSA NA CHALEIRA

> *Engrossa a chuva na roseira.*
> *Todos pegam*
> *No bico da chaleira.*
> *Para mim tudo é risonho.*
> *Tudo é cheio de beleza.*
> Letra de um terno de Belmonte

Justamente quando a chuva,
engrossando na roseira,
se desfaz em cinamomo,
Santa Clara clareou
toda a praça Dois de Julho.

É que o terno da roseira
com os primeiros pingos de ouro
escorrendo da chaleira
vai saindo finalmente,
num clarão de incenso e mirra,
desta casa da viúva
de Frontino Conceição,
minha gente, venha ver,
tia Dona, que beleza! Com os arcos da roseira
cheios de rosas e lanternas de Veneza
e com as moças vestidas de cor-de-rosa,
segurando com esta mão um pandeiro

e com a outra pegando no bico da chaleira da roseira,
para não apanhar a chuva de água de rosas.

Sensação na praça Dois de Julho!
Um silêncio de emoção
ante essa aparição
de beleza em apoteose
domina todo esse povo
que na praça se aglomera
assistindo o desenvolvimento
desse drama de beleza.

A roseira da alvorada
vai descendo até o povo,
vai descendo sobre o povo
a chuva da estrela-d'alva.

É chuva ou é sol?
Isto é uma apoteose
se realizando em praça pública,
se manifestando para o povo
em plena praça Dois de Julho
na praça que glorifica
os heróis da Independência!

Este gesto democrático
dos que descem do salão
para se juntar ao povo
levando-o a compartilhar
do prazer desta função,
resulta neste espetáculo
de beleza e sedução.

Santa Clara é a padroeira
desta noite feiticeira.
Santa Rosa é paraninfa
desta nossa brincadeira.

E a cidade inteira
se transforma numa roseira.
E a apoteose marcha pela cidade,
produzindo emoção nesta roseira
e na água de rosas da chaleira.
Deixa a praça Dois de Julho
e atravessa em linha reta
nossa rua D. Jerônimo.

Com seus pingos de ouro e mirra
escorrendo da chaleira,
passa o tempo da roseira
pela casa de Maria
Nazaré da Conceição
e a roseira neste instante
tem o encanto e aquela graça
de Maria concebida
sem pecado em Nazaré.

E eis que o povo que acompanha
este terno da roseira
se transforma por encanto
nos pastores dos reis magos,
a fugir da chuva de ouro,
a correr para a roseira,
para o abrigo cor-de-rosa.

Santa Clara, a chuva engrossa.
Santa Clara, manda a chuva

estiar nesta roseira
que a roseira é pequenina
e de certo não comporta
tantas moças na chaleira.

Para que não desbote a chuva
justamente a cor-de-rosa
todos pegam na chaleira
que serviu a Santa Rosa.

Debaixo da roseira
minha vida é como um sonho
de doge de Veneza
com a dogaresa de lado
na gôndola de Veneza.
O ideal seria a vida
se assim fosse justamente:
tudo encantos como agora,
tudo cheio de beleza.

Neste terno da roseira
não se veem esses três reis.
Só tem moças e o estandarte
com a roseira na chaleira
para dar a sugestão
da chaleira em que se planta
no quintal uma roseira,
pois num vaso de alabastro
não teria tanto encanto
como tem nesta chaleira.

E a beleza nesta noite,
em vez de aparecer do mar,

saiu, como se viu, pelo portão
da casa de dona Rola da Conceição,
produzindo emoção
em toda a rua Dom Jerônimo.

E a beleza Anadiomene
nesse dia não saiu:
escondeu-se em sua concha
de turquesa e madrepérola,
despeitada com a vitória
dessa Vênus da roseira
cuja aparição na rua
é um drama e uma apoteose,
enquanto que Vênus de Pafos
nunca marcha pela rua,
pois se esconde pelos bosques
e nas ilhas tão longínquas,
onde os reis somente vão.

(1940)

TERRA DO MAR

O mar já passou aqui.
Depois o mar foi secando
e ficou na areia só
E nasceu tiririqui
e nasceu salsa-da-praia
e nasceu purga-do-campo
e nasceu corona-crista,
nasceu pé de carrapeta,
nasceu pé de malva-rosa,
veio chegando besouro
e chegou bem borboleta,
Veio vindo vaga-lume,
louva-a-deus e gafanhoto,
caracol e beija-flor
e a cidade apareceu.

Primeiro casas de palha
depois as casas de telha
e os sobrados e os passeios.
Agora tem muita casa.
nos quintais há muita planta:
carambola, jenipapo,
jaca-de-pobre, cajá,
pé de banana e goiaba,
figo na casa dos gringos
e uva até nesta casa.

Naquele beco dá fumo
e tem bonina e taioba.
Às vezes cria mamona,
se enche de pé de rami
e é tanta da borboleta
que voa então por ali
que fica o beco cheinho
de borboleta amarela.

Olha a porção de coqueiros
que nasceu por aqui tudo.
Parece roça de coco,
esta cidade do mar.
Em cada quintal tem coco,
toda casa tem coqueiro,
coqueiro não falta aqui.

O chão daqui é salgado,
coqueiro gosta do mar.

De cima de lá do farol
é que se vê quanto coco,
quanto coqueiro dourado
existe nesta cidade.
Ai como é alto o farol!
Ai quem faria esta torre
nesta cidade do mar?

De cima daquela torre
daquela torre de prata,
a gente vê isto aqui
coberto de pé de coco
que o vento tanto balança
que acaba quebrando um.

No tempo em que isto era o mar
sanhaço não vinha aqui.
Só vinha aqui passarinho
que come peixe do mar.
Agora, não: os sanhaços
vivem nos pés de coqueiro,
pintando o sete nas folhas,
derrubando flor de coco,
derrubando coco peco,
derrubando cisco embaixo
e o vento derruba os ninhos
que eles fazem lá no cacho.

O morcego também joga
na casa de tia Dona
pitanga que traz dos outros,
das bandas do Lamarão;
pitanga que traz com fome
e escapole lá de cima
e a gente apanha no chão,
lava com água da bomba
e come lá no jardim.

De noite o morcego vem,
voando lá no escuro
e bate no tamarindo.
Parece que fica tonto
de receber a pancada,
larga a pitanga da boca.
Como pedrada se ouve
a fruta no chão caindo.

Como bala de bodoque
jogada pelos moleques

do beco de seu Trajano,
a fruta cai pelo chão.
Então o morcego chia
e bole nos tamarindos.
E amanhece chiando,
rodando o tamarindeiro.

Isto aqui já foi o mar,
mas agora é esta cidade.
Debaixo do chão tem concha.
Aqui debaixo tem búzio,
tem concha dentro do chão.
Aqui uma vez se achou
cousa que só tem no mar.
Esta cidade é o palácio
que abandonou a sereia.

Antes da gente morar,
morou primeiro a sereia,
primeiro o peixe morou
nesta cidade do mar.

O mar nos deu esta terra.
A gente herdou da sereia.
Sonhei que estava casado
com a sereia do mar
e penso às vezes que sou
o rei dos peixes do mar.
Quem sabe se não sou neto
do rei dos peixes do mar.
pois que nasci na cidade
que foi a casa dos peixes,
o palácio da sereia
e a residência do mar?

Dizem que neste quintal
era o jardim da mãe-d'água,
o bosque do rei dos peixes
e da rainha do mar.

O rei do mar se deitava
debaixo desta parreira,
beijava aqui a sereia,
lavava aqui se beijando...
Quer ver? Levante esta pedra,
cave um buraco na areia
e achará uma porção
de conchas que o mar deixou.

Em vez de papa-capim
a Baixa tinha peixinhos,
ramos de esponjas douradas,
conchas bordando as areias,
corais formando um jardim.

Se eu passeasse na Baixa
no tempo em que tinha o mar,
escutaria a sereia
cantando dentro das ondas
e penteando os cabelos
mais longos do que os sargaços.

Até bem pouco se via
a marca que o mar deixou
naquele beco dali.
Sempre que eu ia apanhar
salsa-da-costa no beco,
ficava olhando na areia
aquela marca do mar.

Se o mar enchesse de novo
este quintal voltaria
s ser o bosque encantado
do rei dos peixes do mar.
O rei do mar novamente
faria seu quarto ali.
E beijaria a sereia
debaixo desta parreira
que seria substituída
por açucenas do mar.

O pé de cróton virava
um grande pé de coral.
E o telhado se encheria
de esponjas, em vez de flores
que caem do tamarindeiro.

O mar deixou muita cousa
aqui por estes quintais.
Com o tempo se perdeu tudo,
tudo foi indo e acabou.
Tudo isto aqui teve bagre,
muita água-viva e baleia,
cação, vermelho e garoupa
e até filho de sereia
com cavalinho do mar.

Passavam barcos por cima,
jangadas de pescador.
Eu moro, pois, bem no fundo
do mar que um dia secou.

(1935)

FILHINHO DE AIMORÉ

Meu Deus que cheiro
nesta criança!
Parece cheiro
de cravo e fita,
de flor bonita
que dá no pau.

Parece cheiro
de calumbi
com quioiô
lá do Lamarão.

Cabelo preto
como uma touca,
dedo comprido,
testa de lua
dentro da boca
mimo-do-céu.

Saiu gordinho
como um baé.
filho de iara
com aimoré.

Isto é redondo,
bem curiboca.
Foi o xaréu.
Foi maturi.
É o mais bonito
deste jequi.

Puxou à iara
do rio Pardo,
Puxou à tia
dos olhos pardos.
É o mais bonito
do munzuá.

O umbigo dele
secou no porango.
Está na caçamba
da sapucaia.
Está no coquinho
que pendurei.

Naque-na-nuque
do Maquinique,
Caquinocou
do Maquiniquim,
um camacã
do Macarani,
filho de bute
com cajabi.

E a gente jogava
matana-ariti
com este filhinho

de pataxó
que tinha medo
do macobeba
e não gostava
de micuim.

(1934)

TEMPO ANTIGO

(de uma carta a João Cordeiro)

Tempo em que o beco não tinha quintal,
não tinha jardim, nem casa de Edi.
A gente corria picula no beco:
pega, diabo! Piculá-d-o-dó.
O rio enchia, chegava no beco,
cobria todo o quintal de Ginó.
A manga de bengo ficava alagada
a casa de Júlia ficava cercada,
a rua da ponte ficava tibá!
Tudo ficava debaixo d'água,
a água subia que dava aqui.
O rio queria arrasar Belmonte,
já estava perto do cemitério.
A gente via na correnteza
passando espuma mais baronesa,
passando espuma, passando espuma
e cada pau que metia medo.
O rio cheio matava boi,
matava porco, matava galinha.
As cobras fugiam do rio cheio,
saíam do bengo, estrela do céu!
e entravam debaixo da casa velha
onde morava Iaiá Mariquinha.

O burro comia capim na rua.
Nascia capim de junto das casas.
A praça da igreja só tinha capim.

Do beco se via a lua saindo.
A gente corria pro beco pra ver.
A lua saía grandona do mar,
como uma cabeça de cupim grande,
como uma pança de homem gordo.
A lua saía grandona do mar,
subia no céu, ficava menor.
Por quê?
Então não sabe, seu mané bobo?
O mar é pertinho e o céu fica longe.
A arraia no chão é grande também,
mas quando se empina, não fica menor?
Assim é a lua, seu mané bobo.
A lua subia e ficava pequena,
a lua subia e ficava clara.
Chegava o homem do lampião,
subia na escada, soprava a luz,
fazia fu! e apagava a luz.
Então os muros brilhavam todos
com a lua clara como este dia.
A lua cheia abria os jasmins
que tia Dona plantou no muro.
A gente zás! subia no muro,
entrava naquele pé de cestinha
pra colher as flores e espinicar.
Os muros todos brilhavam na lua.
Ficavam brancos como os carneiros
do cemitério que está fechado.
Muro na lua, muro caiado,

casca de ovo, miolo de pão.
A lua cobria de cal a rua,
chovia arroz, caía algodão,
leite de coco, bolo de puba,
taco de inhame e de fruta-pão.

Dindinha lua jogava do céu
bolinhos feitos com massa crua
em *nossa terra mangerão dão dão*.
As ruas de areia brilhavam mais alvas
que roupa na corda em noite de lua.
Roupa lavada com água da talha
que outra água talha sabão.

Eu-sou-arara cantava tão alto,
chegava, menino, a soltar um berro
que se ouvia na rua do Camba:
Eu sou arara, Arara eu sou.
Eta ferro!
Lá na Barrinha tinha murtim
e pelo beco dava babá
e pelos campos nascia coco.

A gente chupava coquinho em penca
de maraiá, coco-mané-velho
e aqueles cachos de caxandó.

Maria me dava maçã de coco,
Orminda me dava água de coco,
Partia o coco e me dava a água
Às vezes a lua comia o coco:
partia-se o coco e não tinha nada.
Rosário de coco a gente comprava
lá no beco da tia Loló.

Tempo em que a vida era um paraíso,
tempo em que o beco era um céu aberto,
todo coberto de pé de melão
com jaca-de-pobre e limão-galego
e aquele mato que espeta a gente,
aquele mato que é feito o cão.

(1935)

CASE COMIGO, MARIÁ

> *Case comigo, Mariá,*
> *que eu te dou, Mariá,*
> *que eu te dou, Mariá,*
> *meu coração.*
> Cantiga de roda

> *O mar também é casado,*
> *o mar também tem mulher.*
> *É casado com a areia.*
> *Dá-lhe beijos quando quer.*
> Quadra popular

Mariá, por que não te casas,
se o mar também é casado?
Se até o peixinho é casado...
Não sabes que o mar é casado
com uma filha do rei?
Mariá, o mar é casado
com a filha loura do rei.
Mariá, por que não te casas
se o próprio mar é casado?

Quem é a mulher do mar?
É a sereia?
É a areia, Mariá.
É a princesa dos seios de concha.

Mandei ao mar uma rosa, Mariá,
porque ele vai se casar.
O mar pediu que a sereia, Mariá,
viesse me visitar
e agradecer o presente.
Quando foi isto? No passado, Mariá.

Sabes que fez a sereia, Mariá?
Deu-me um punhado de areia;
esta cidade de areia,
nossa terra, Mariá.

Aquela moça da praia, Mariá,
é namorada do mar.
Só vive olhando pra as ondas
e o mar vive a suspirar.
Aquela areia da praia
veio do Engenho de Areia, Mariá.
Que bela é a mulher do mar
em cima daquela coroa!

Areia da Pedra Branca
desceste o rio correndo.
Tu viste a Ilha das Pombas,
ah! tu viste Mariá.

Adeus, Coroa da Palha,
que eu vou aos tombos da sorte,
rolando aos tombos da vida,
caindo e me levantando.
Só me salvo se cair
nos braços de Mariá.

Donde viria esta areia?
Da serra da Pedra Redonda.
Veio de Minas, Mariá,
rolando no Rio das Pedras
e só entrou na Bahia
quando passou dando um pulo
na cachoeira do Salto.

Deu um pulo no Salto Grande
a areia, a mulher do mar.
Em cima do Salto, está Minas.
Embaixo do Salto, a Bahia.
Lá em cima a água é mineira,
caindo embaixo é baiana, Mariá.

Ah! como é linda esta roda
às sete horas da noite,
à hora em que a lua cheia
acabou de sair do mar,
iluminando Belmonte
com todas as suas ruas de areia.

A lua nasce chorando
lágrimas de prata na areia.
Apanhem numa redoma este pranto,
guardem bem guardada esta joia
que um dia será adorada.
É a lágrima azul da saudade.
Que foi? O que teve? Nada.
Apenas uma lágrima salgada
caiu dos meus olhos na areia.

Mariá, por que não te casas?
Me diga: por que não te casas

comigo, se eu quero te dar,
se eu quero te dar, Mariá,
num beijo o meu coração?

Crianças cantando roda
nas ruas brancas de areia,
naquelas ruas tão longas
como as estradas de areia.

Cantando desde a Atalaia
até a Ponta de Areia.
Cantando lá na Biela,
na rua do Camba e nas Baixas
e em todas as ruas de areia.

Ah! lá no Pontal da Barra
é que brilha a lua na areia,
nas areias da Barrinha
e na estrada da Barra Velha.
Mariá, por que não te casas?
Se tu casares comigo,
sabes o que te darei, Mariá?
sabes o que te darei, Mariá?

Quantos beijos tu quiseres,
cem beijos se tu quiseres,
Mariá, meu coração.
Deitado contigo na areia,
dar-te-ei meu coração.
Não é só o mar que é casado, Mariá.
O peixinho também é casado.
E o passarinho é casado.
Também quero ser casado,
mas contigo, Mariá.

Mariá, case comigo,
já que o mar casou com a areia.

Mariá, por que não te casas,
se o mar também é casado?

(1940)

A CHUVA VEM CAIR NA INGAUÍRA

Cada pingo d'água
é um cabelo da chuva.
Cada gole de água do arco-íris
é um aguaceiro.
Essa lagoa é o copo
por onde bebe um gigante.
Para a boca do arco-íris
só uma taça redonda.

Para a sede de um gigante
só a água de um pote rodeado de flores.
É na Lagoa dos Cocos
que o arco-íris bebe água.
Fui ver um dia
esse copo de flores.

Estômagos cheios
da água de um coco,
as nuvens vêm vindo.
Barriga pesada
com a água de um coco,
as nuvens vêm vindo.
Lagoa dos cocos,
bandeja redonda cheia de copos de água.

Hi! vem chuva como cabelo de sapo.
Cada pingo d'água
é um cabelo da chuva.
Cada gole de água do arco-íris
é um aguaceiro.
E cada gota de orvalho
é um diamante pingo-d'água.

Hi! vem chuva como cabelo de sapo.

Aqueles pássaros enormes,
que não podem voar direito,
de tanta água na barriga,
vão cair nesta volta do rio.

Adília, minha irmã, prepare-se:
Sobre a nossa casa vão cair do céu
sete copos de água.

Teu banho de hoje, Sinhá,
será dentro de um copo d'água.

(1940)

A AURORA EM SANTO AMARO

(folclore de Santo Amaro)

Estrepitosas palmas
saúdam a luz do dia.
Bravo, estrela-d'alva,
que vens trazendo o dia.
Viva a madrugada
que vem guiando o dia.
Flores, depressa, flores.
Corre, que vem o dia.
Estão colhendo flores
para jogar no dia.

Quem sofre em Santo Amaro
é quem mais ama o dia.
Trabalhador do eito
sonha por esse dia.
Sofrendo em Santo Amaro,
o Cristo espera o dia.
O pobre em Santo Amaro
terá alívio um dia.
Trabalhador da cana,
viva! que vem o dia.

Tem menos do que o escravo
o escravo de hoje em dia.

É um Cristo em Santo Amaro.
Só tem a noite e o dia.
O engenho é o seu Calvário.
Mas olhe a luz do dia!
E como brilha a cana
a esse clarão do dia!
Ali, cana-caiana...
Viva! que vem o dia.

Dentro de um carro de ouro
lá vem, meu Deus, o dia.
Bravo, estrela-d'alva!
Quando afinal o dia
chegar em Santo Amaro,
aquele pobre Cristo
que está crucificado
em cruz feita de cana
terá então seu dia.
Bravo, estrela-d'alva,
que vens trazendo o dia!

(1951)

CANTIGA BANTO

Eu vi o herói de Luanda,
eu vi o grande Zumbi.
Eu vi
lacaia pisando o rei
e o rei fazendo zumbaia
a Zumbi.
Eu vi
rei de Luanda *ei*
aderecô lanim.

Que cousa boa é feitiço
em branco que tem banguê.
Feitiço de bango ê bango,
muamba de Dambrubanga,
mandinga de angola ê.
Eu vi lacaia sambando ê
banguelê,
lacaia mulher-de-saia
pisando o rei de lanim
eta que tango-lo-mango
no samba de iô bandá!
Lacaia pisava o rei
e o rei fazia zumbaia
a Zumbi.
Que linda mungada ei!
Mungada só de Zumbi...

Me diga: que fez o rei?
Aderecô?
Sereia está me chamando.
Depois eu lhe contarei.

Me diga: que fez o rei,
depois de tanta zumbaia
a Zumbi?
Aderecô?
Tatu tá me chamando;
depois eu lhe contarei.

Quase que vence a demanda,
quilombo de Caxingui.
Dos grandes de Angola
o maior é Zumbi.

(1939)

SERENO DE SANTO

Dedicado a Zora Seljan

Serena a pomba, serena.
Não cansa de serená.
O sereno desta pomba
lumeia que nem metá.

(Candomblé do tempo da escravidão)

Serena, pomba, serena
por cima deste pombal.
No brilho deste sereno
há um orvalho de cristal.

O sereno desta pomba,
em seu lume, é um orvalho tal
que lembra um banho de igreja e
um batizado real.

Pomba da igreja, serena
até que desça afinal
o santo maior de todos,
padroeiro da Bahia
e senhor da catedral.

Lume da tarde, serena.
O orvalho cai sideral.
Parada no meio do céu,

serena, pomba, serena
orvalhando o meu ideal.

Teu sereno em doce ritmo
e em lampejos de cristal
lembra orvalho da açucena
e a orvalhada em Portugal
e anima de uma esperança
àqueles que estão no templo
assistindo o ritual
e os que em sereno de pomba
lutam no estado de santo
pela paz universal.

Pomba da tarde, serena
por cima deste pombal
onde se aninha o desejo
que tenho neste sereno
de dar voos de pombinho
por cima do canavial.

O poder de evocação
que há neste canto ideal,
cantado nesta macumba
em sua festa anual,
nos leva ao tempo em que o santo
descia aqui sideral
para abraçar os escravos
da Bahia colonial,
da Bahia dos sobrados
no estilo dos jesuítas
e ostentando justamente,
como escudo armorial,

uma pomba dos amores
sobre fundo vegetal
tendo um ramo de oliveira
em seu bico de coral,
com a legenda da esperança
e da paz universal.

O santo, porém, não desce
a este apelo musical.
A demora dessa pomba
em descer para o pombal
aumenta no pai de santo
a tristeza essencial
que existe na alma do negro,
boiando em fontes de orvalho
num mistério lacrimal.

Real alteza, serena
em majestade real,
serena, alteza, serena,
a outra pomba que pena
cativa nesse pombal,
levantado entre os orvalhos
que caem na casa feudal,
celestes prantos que alagam
a casa senhorial.

Nela reside a serena
família patriarcal
que veio da Idade Média
nessas naus de Portugal
e se sustenta do pranto
de uma pomba angelical,

enquanto a outra serena,
parada no meio do céu,
pomba do Espírito Santo
serenando o meu ideal.

Oh! quem prende uma pombinha
separando-a do casal,
prende a pomba companheira
da pombinha do Divino
e comete um grande mal
e mancha o pendão de Cristo
que é o pendão de Portugal.

Esta pomba que está presa
nesse laço de metal
com sete voltas e tanto,
arrocho do capital,
suspira pela outra pomba
que lhe traz uma esperança
nesse ramo de oliveira
que há em seu bico de coral.

Serena, alteza, serena.
O orvalho cai sideral.
O sereno desta pomba
iluminando a esperança
nesta treva medieval
é um orvalho que cintila
como a estrela oriental.

Pomba divina, serena,
até que desça afinal
o santo maior de todos,

padroeiro da Bahia
e senhor da catedral.

O sereno desta pomba
tem um brilho estranho, igual
ao da cúpula de um lustre
com pingentes de cristal.

É ideal este sereno.
É um sereno auroreal.
Lembra o sereno de um idílio
e o sereno de um madrigal.

Oh! a música brasileira
é uma serenata ideal
com rumor de asas de pombas
serenando um pombal.

Saída deste sereno
de dança sacerdotal,
enfeitiça como os negros
serenando como pomba
em seu rito teatral.

É o sereno desta dança
orvalhada e sensual,
exprimindo esse desejo
de comunhão amorosa
e convívio fraternal,
que se nota nestas pombas
de pezinhos de coral.

É o sereno deste apelo
requebrado e sensual,

cintilando e lumiando
numa fascinação ideal.
Cintilação de um sereno
todo feito de cristal,
lembrando fulgor do fruto
da árvore do bem e do mal
e o esplendor da sedução
no paraíso terreal!

Se este fruto não brilhasse
qual moeda de metal,
se este fruto só brilhasse
como o adejo sideral
dessa pomba dos amores,
não teria havido a mancha
desse pecado mortal,
cometido contra os povos
de Luanda e Senegal
e agora não se veria
o bem nas garras do mal.

A expulsão de Adão e Eva
do paraíso terreal
jamais foi determinada
pela prática inebriante
desse amor universal.

Foi por causa justamente
dessa moeda de metal
que perdi o paraíso
e, com ele, a liberdade
e a antiga terra natal,
região luxuriante

de beleza sem igual,
recoberta de florestas,
cheia de rios e lagos
como o jardim terreal,
onde Eva beija Adão
sem cometer o pecado
que se chama original.

Foi por causa desse fruto
que me trouxe Portugal
de lá da terra da vida,
na África equatorial.
Este fruto é que é o fruto
da árvore do bem e do mal.
É por causa desse fruto
que há tanto pecado mortal.

Serena, pomba de Vênus,
até que desça afinal
o santo maior de todos,
padroeiro da Bahia
e senhor da catedral.

E enquanto não desce a pomba
para o chão deste pombal,
ao menos, pomba, serena
esta negra dor que eu tenho
de perder o paraíso
sem cometer nenhum mal,
já que essa dor excessiva
se torna quase fatal.

No tempo em que ela era banzo
era de fato mortal.

Mas hoje é apenas tristeza
sem mais efeito letal,
na medida em que é saudade
da velha terra natal.
E, embora saudade negra,
tem um quê da de Portugal.

O sentimento, que eu tenho,
na medida em que é saudade,
é uma tristeza mimosa
que chega a ser musical.

Ao contrário da saudade,
a amargura que me invade
é a mais negra das tristezas
deste mundo ocidental,
pois que explode em desespero,
em revolta, em grito histérico,
e é acudida pelos santos
em público cerimonial
entre agogôs e atabaques
e soleníssimo coral.

Quando do céu desce o santo
para acudir o mortal
em mim se encanta esse santo,
fico no estado de santo
e a amargura, que me punge,
se torna sacramental.

Esta tristeza, portanto,
é sacrossanta e aromal
e tem muito mais de incenso

que a missa pontificial.
Essa tristeza lumeia
como anel episcopal.
É uma tristeza sagrada,
litúrgica, sacerdotal.

E transportada nas asas
desse canto ritual,
se anima dessa esperança
de comunhão fraternal.

Oh! pomba, que, serenando
com o raminho de oliveira,
adejas sobre o pombal,
ilumina esta esperança
com a estrela oriental.

Esta minha dor é negra
qual rei negro oriental.
Esta dor é na minh'alma
um negrume sideral.
O sereno desta pomba
é para ela um fanal.

Não conheço outro sereno
com brilho e lampejo igual.
O santo, porém, não desce
a este esplendor sideral,
a este fogo de esmeralda
num candelabro real.
Pomba entre o fogo, serena
até que desça afinal
o santo maior de todos,

padroeiro da Bahia
e senhor da catedral.

O atabaque chama a pomba
e nada de vir a pomba
para o chão deste pombal.
E, embora toque o atabaque,
não desce a pomba real.
A pomba sempre em sereno
em cima do canavial.
Em vista disto, o atabaque
entra em ritmo especial.
O sereno desta pomba
a este feito musical
de atabaque em campânulas
vira orvalho sideral,
que se derrama lembrando
a orvalhada em Portugal.

O sereno desta pomba
é um banho de ouro em metal.
É o esplendor dos santos óleos
e o vinho em missa campal.

Pomba da paz que serena,
pomba do amor fraternal.
Pomba do Espírito Santo,
que adejas na catedral,
o teu sereno de santo
pode cair à vontade:
é pura água lustral.
Sobe-me o santo à cabeça
a esse banho batismal.

Sobre mim desce esse santo
a este toque triunfal
de atabaque acompanhando
a saudação aleluial
da chegada desse santo
ao candomblé da Bahia,
essa estranha catedral.
A mais formosa das pombas
até que desce afinal.

E o santo entra no samba,
sob aclamação geral.
Estendendo as mãos pro santo,
com as palmas das mãos voltadas
para o santo sideral,
a assistência eletrizada
reverencia esse santo
tão simples, tão natural,
que, estando acima do branco,
se mostra tão fraternal
aparecendo entre os negros
e o povo deste arraial.

Cintilando em seu sereno
que me orvalha de ideal,
sobre mim desceu o santo
que é o maior da catedral.

Pomba do Espírito Santo,
o teu sereno de santo
me pôs no estado de santo
e no abraço fraternal
com que saúdo estes negros,

eu, o santo sideral,
padroeiro da Bahia
e senhor da catedral,
trago à Bahia a mensagem
de uma paz universal.

O samba é um voo de pomba
para uma terra ideal.

Pomba de amor é este santo.
Pomba da paz é este santo.
Pomba do Espírito Santo
abraçando e serenando
e se confraternizando
com estes negros do arraial.
Samba é sereno de santo
com objetivo amoroso:
um abraço fraternal.

A tristeza que é oriunda
do sentimento ancestral
da escravidão e do banzo
e da degradação social
tem seu melhor lenitivo
nesse abraço fraternal
com que o santo da Bahia
nos saúda angelical.

Pomba nas nuvens, serena
que teu sereno ideal
é brilhante lenitivo
e vinho em missa campal.

Esta pomba da harmonia
adeja com brilho tal
que para ela se volta
a esperança universal.

Este sereno cintila
como a ideia genial
que aclarou meu pensamento
mostrando que o capital
que há cem anos foi negreiro
e aboliu o cativeiro
com um fito comercial,
para se aplicar na indústria
e aumentar o cabedal,
agora que se entrincheira
nesta sombra medieval
procura apagar no mundo
o clarão desse fanal
e o cintilar das ideias
e do sonho da igualdade
o lampejo sideral.

A abolição trouxe ao negro
não uma redenção total,
mas em verdade abandono,
miséria e atraso geral.
Mas embora represente
uma redenção parcial,
a abolição significa
nobre conquista moral.
É um voo da liberdade
em sereno triunfal.

Conquista da liberdade,
tens as asas de cristal.
Alado sonho de escravo
é este voo sideral.

Oh! diante do progresso
que, do lado oriental,
se levanta com as estrelas
em ação auroreal,
formando um clima propício
ao movimento ascensional
de todos os oprimidos
e à redenção destes negros
esmagados sob o peso
do preconceito racial,
justamente nesta América
consagrada à luz ideal
que vem iluminando o mundo,
eis que reage o capital
contra o abraço deste santo
e a comunhão fraternal.

Serena, pomba, serena,
tranquilizando o pombal
com a promessa da concórdia
sob forma universal.

O sereno desta pomba
permanece sideral,
a despeito da ameaça
da sombra medieval.
Vê-se logo que este brilho
é promessa sideral

da vitória do progresso
numa paz de madrigal.

O sereno desta pomba
é de certo um orvalho tal
que nos enche de esperança
de que seja permanente
essa paz universal.

O sereno desta pomba
dói na vista. É de metal.
É o metal do rei das pombas,
cem círios no castiçal,
com velas nas açucenas
dos lustres da catedral.

O esplendor deste sereno
já é um cromado sincopal.
Lumeia como esta trompa
e o trompete imperial
e os sete clarins da banda,
polidos de vidro e sal
e os trombones niquelados
e as trombetas do ideal,
clarinetas flamejantes
nesse incêndio do metal
vibrantes pratos de aço,
labareda musical
e as tubas de bronze em chama
como em clarão de cristal,
toda a abrasada fanfarra
daquela banda de música
em desfile triunfal.

O sereno desta pomba
lumeia de modo tal
que seu brilho sobrepuja
a própria coroa de ouro
da pombinha do Divino
e a do Marquês de Pombal.

(1940)

CANTIGA DE CANAVIAL

Não posso mais chupar cana
com sossego e com descanso.
De que serve tanto açúcar
se em meu peito há tanto fel?

Apanhei já de chicote
dos soldados de Pilatos.
Já me botaram no tronco.
Eu sou um Cristo no mundo.

Eu não quero desertar
Pro quilombo de Zumbi.
Quero ir é para Angola.
Já sofri demais aqui.

Oxalá, meu santo velho,
se eu tenho merecimento,
me tire desta gangorra,
me leve para Aroanda.

Ai que saudades que eu tenho
daquela cana-caiana
que eu chupava ao sol poente
na terra de Aroandê.

(1937)

OBRA POÉTICA II
(1978)

CASTELO ENCANTADO

Entre um lago de pérola e anilina,
verde de rãs, de lótus-amarelo,
e um bosque que num mar azul termina,
fantástico, levanta-se o castelo.

Muros de bronze com dragões da China;
seteiras d'ouro e de um topázio belo;
cem pontes, mil rosais e na piscina
três mil colunas de âmbar-amarelo.

Diz o anão que é encantado. Com efeito,
ao pôr do sol se acende em jade forte
e em sárdio e opala de estelar aspeito.

Nele é que meu espírito sem sorte
se enclausurou pelas tristezas feito
pajem da Musa e príncipe da Morte.

(1920)

A MORTE DO SOL

Chovem lilases. Pôr de sol. Em frente
a mata é de nanquim. Passam de lado,
no rodapé vermelho do ocidente,
carros de nuvens de papel pintado.

É ali que o sol vai ser decapitado
para que à noite, Salomé dolente,
baile. Não há quem tanta dor aguente,
em mar de roxos e cinzentos nado.

No poente degola-se. – Quem morre?
Ninguém responde. Unicamente escorre
a golfada de sangue de arrebol.

E de Herodes fantástico soldado
põe na salva do ocaso ensanguentado
a cabeça de São João do sol.

(1921)

PAVÃO AZUL

No jardim do castelo desse bruxo
d'asas d'ouro e olhos verdes de dragão,
tu és à beira de um lilás repuxo
um grande lírio de ouro e de açafrão.

Transformado em pavão por esse bruxo,
vivo te amando em tardes de verão,
dentre as rosas e os pássaros de luxo
do jardim desse bruxo castelão.

Tenho medo que um dia o jardineiro...
Mas nunca, estou bem certo, do canteiro
há de colher-te, ó minha flor taful.

Porque ele sabe que em manhã serena
não suportando a ausência de açucena,
há de morrer esse pavão azul.

JARDIM DE JADE

Este jardim outrora era de jade.
Mesmo da noite no aroma friul,
a trepadeira, aberta em flor na grade
do seu portão, era um festim azul.

Este jardim outrora era de jade.
Tinha os encantos de um jardim taful.
Mas depois que sofri, só da saudade,
a negra flor que se abre no paul.

Neste jardim que foi talhado em jade
floria o ramo ardente do aloés.
Hoje, porém, o desespero o invade

em flor de sangue e goivos das marés
e dos lírios de neve e de alvaiade
nem restam mais os cintilantes pés.

SONETO FEITO NUM CARNAVAL

Posso em sonho raptar a aurora na Anatólia.
Eu comparo a loucura ao lírio da Mongólia.
Eu toco a cornamusa e danço co'Aretusa.
A morte é o pesadelo; o sonho é a magnólia.

Eu toco o clavicórdio e toco a cornamusa
para encantar Termusa, o lírio de cerusa.
O lírio da Mongólia é uma aromal nubélia.
E a ninfa é a magnólia e o ramo de camélia.

Em sonhos, lá na Assíria, eu vejo-te cerúlea.
Na Gália ou lá na Ilíria és sempre a ninfa hercúlea.
Perséfone, eu te amei nos bosques da Tessália.

Posso em sonho esposar no Epiro a magnólia.
O amor é uma loucura aqui ou lá na Austrália
e eu comparo a loucura ao lírio da Mongólia.

A FILHA DO SOL

Há gritos de dragões pelo ocaso tranquilo,
quando a filha do sol, de corpo de gazela,
vem colher e beijar a corola amarela
do lótus que se abriu no santo rio Nilo.

O prazer em tudo nesta hora se revela,
ante a filha do sol coberta de berilo.
A esfinge sai do mar para vê-la tão bela,
alegra-se a serpente e exulta o crocodilo.

Quem não ama a mulher dos dois seios de opala?
Reza a lenda que um tigre um dia ao contemplá-la
veio lamber-lhe os pés doces como a ventarola.

Depois morreu de amor debaixo da charola,
em que a filha do sol, coberta de berilo,
saíra em procissão, de pé numa corola.

(1930)

TÁRSIS ERA AQUI

Era daqui que outrora se levava
o incenso azul que o Nilo Azul não tinha.
Também pavões e a recendente fava
e a mirra em flor onde o pavão se aninha.

Redomas cheias de resina flava,
formoso cedro, cintilante vinha,
tudo o que a selva de ideal continha
Hiram daqui lá para o Hebron levava.

Era daqui que se levava aroma
ao rei que usava estema azul na coma
e em resplendor Jerusalém mantinha.

Daqui seguia em lírica redoma,
nas naus com vela em asas de paloma,
aquele aroma que Sabá não tinha.

(1935)

SONETO ENCANTADO

Onde buscar agora o fino aroma,
o beija-flor gigante e a rara opala
e a recendente e preciosa goma
que vence a mirra e os ares ensandala?

Onde buscar as penas da paloma,
metal cerúleo para a cerofala?
Onde se encher de cânfora a redoma
e a cantimplora de água que trescala?

Onde buscar aquele odor fagueiro,
pavões de jade, lírios de cerusa
e o velocino e o grifo feiticeiro?

Onde buscar marfim que nos seduza,
se Ofir fechou seu porto ao mundo inteiro
e a receber os Tírios se recusa?

(1935)

A NÊNIA DO BEIJA-FLOR

Mataram meu amor! Quem foi de tanto crime?
Quem mora tão cruel nas choupanas do monte?
Mataram-no a punhal... Minha dor não se exprime.
Quem foi, dizei-me, Abril, loiro Abril de Belmonte!

Mataram meu amor bem no atalho da fonte,
contou-me um lenhador que voltara do vale.
Quero saber quem foi, antes que o sol desponte.
Quem foi, não tenha medo: apareça e me fale.

Mataram meu amor! Eu sou mesmo sem sorte.
Eu vinha do vergel. Soprava o vento norte.
– Foi você, pôr do sol? Foi você, cardo hostil?

Quem matou meu amor com tantas punhaladas
e jogou meu amor nas pedras das estradas,
meu lírio-roxo azul do mato do Brasil?

EMENDANDO UM SONETO

Eu matei meu amor e foi bom que o matasse.
Meu amor era um lírio e eu não gosto de lírio.
Se ele fosse a madona, eu talvez me casasse
para o amor me adorar e eu gozar-lhe o delírio.

Eu matei meu amor sem beijá-lo na face.
Meu amor era um lírio e eu não gosto de lírio.
Se ele fosse o meu anjo, eu talvez me casasse
para vê-lo fumando e descendo do empíreo.

Ninguém sabe quem foi meu amor que matei.
Era o anjo da morte? Era a filha de um rei?
Este crime é um mistério... E é bonito o mistério.

Este segredo azul pus num cofre sidéreo,
mas em suma eu fiz bem em matar meu amor,
porquanto ele era um lírio e eu não sou beija-flor.

ALECRIM DA BEIRA D'ÁGUA NÃO SE CORTA COM MACHADO

Nem com machado ou com punhal se corta
o amor imenso que eu consagro a ti,
alecrim de quintal que enfeita a porta
e que cheio de flores eu já vi.

Minha esperança já se encontra morta
e, contudo, este amor que eu tenho a ti
nem com machado ou com punhal se corta,
alecrim que entre cravos eu já vi.

Alecrim do jardim que enfeita a porta,
eu na boca dos anjos já te vi.
Nem com machado ou com punhal se corta

o amor imenso que eu consagro a ti.
Alecrim que eu desejo, pouco importa
que esteja morta aquela juriti.

FLOR DE CACAU

Flor de cacau toda orvalhada e moça,
és curtinha de sereno em Una,
em Itabuna ainda és mais moça,
sinhá-moça, mulher de grapiúna.

Flor de cacau toda orvalhada e roxa,
Chuva em crisol fez teu lilás moreno.
Serias a paixão de Barba Roxa,
Se Barba Roxa viesse a este sereno.

Roda no orvalho este cacau pequeno.
Roda em sereno este pião de louça,
Crisoberilo lapidado em roxo.

Quem quiser se casar, escolha moça
Que tomou chuva e, além de sol, sereno.
Flor de cacau é o tipo dessa moça.

NAS ASAS VINDO O SONHO DE VERONA

Que brilho de cacau na sensitiva!
Que cheiro de cacau na manjerona!
Tornou-se a vida rútila e festiva
porque ressurge o sonho de Verona.

O signo aristocrático empavona
os reis do amor-perfeito e sempre-viva.
Já é demais a pompa em sensitiva.
Repare: aumenta a luz da manjerona.

Tornou-se em lis o sol da sempre-viva,
neste portão que é o mesmo de Verona.
E nisto o cheiro de cacau se ativa.

O progresso chegou com a manjerona.
Foguete, bomba, passeata e viva!
Porque em Belmonte se instalou Verona.

A GLÓRIA DA SEMPRE-VIVA

Para Florêncio Santos

Eis Belmonte na luz da Renascença
partido em duas bandas de harmonia.
Banda da sempre-viva em luz intensa,
banda do amor-perfeito em luz sombria.

E as bandas são partidas de Florença,
liras rivais da mesma sinfonia.
Vai brilhando este sol da Renascença
e as bandas nessa guerra da harmonia.

Ainda mesmo que o amor-perfeito vença,
a sempre-viva é o archote que nos guia;
ela é o próprio clarão da Renascença.

Bandas de luz, de música e alegria.
E a sempre-viva flamejando imensa,
como se fosse a estrela da harmonia.

(1961)

TEMA DA JUVENTUDE

A tristeza me amou por piedade
e a saudade me deu por compaixão
sete flores de mirra e o anel de jade,
ao ver que se partiu meu coração.

A tristeza me amou por piedade
e a saudade me ungiu de benjoim
e a esperança me deu manjericão.
A compaixão me deu na testa um beijo
ao ver que se partiu meu coração.

Tiveram pena essas moças da Judeia
ao ver que no meu peito se partiu
esta urna de cristal: meu coração.
Oh! Estava entre as moças da Judeia
a saudade, essa flor de Portugal.

E ao ver que se quebrou este cristal
espalhando suspiros pelo chão,
a saudade, essa flor de Portugal,
parenta da tristeza de Aragão,
colocou no meu dedo o anel de jade
com pena do meu pobre coração.

(1940)

NÃO ME TOQUES

Ô Maria Madalena
não deites mirra em meu corpo
que tenho a pele cortada
e estou com o peito ferido.

Não gastes tantos perfumes
que Judas pode falar.

Eu quero apenas um beijo
da tua boca vermelha,
pois ela tem mais aroma
do que cem libras de mirra.

Não deixes que as pombas venham
pousar aqui no meu ombro
pois o meu ombro é uma chaga
e estou com peito sangrando.

Por que tu és tão romântica
e vives me perfumando
com esse nardo celeste
lá dos jardins de Engadi?

Por que me tratas, Maria,
como se eu fosse as gazelas
que estão nos montes de aromas?

Ô Maria Madalena
que vens com a brisa da aurora,
tu és uma prostituta
e eu gosto tanto de ti!

(1937)

A LIBERDADE ESTÁ MORTA

A liberdade está morta
com seus cabelos tão longos,
com seus cabelos boiando
no mar em que se afogou.

A liberdade está morta
com seus cabelos desnastros.
Caiu, coitada, dos astros
no mar em que se afogou.

A liberdade está morta
com seus cabelos tão longos,
com seus cabelos compridos
que eu desejava beijar.

A liberdade está morta.
Lá vão os homens buscá-la
naqueles barcos de vela,
naqueles barcos com asas.

Lá vão os cisnes marinhos
na água azul e sonora.

Lá vão os cisnes do mar
buscar a deusa da aurora.

Lá vão as aves buscá-la
para guardá-la em seus ninhos.

A liberdade está morta
e coroada de espinhos.

(1937)

A MARCHA DO BUMBA MEU BOI

Não toque o bombo, Zabumba,
    no bumba meu boi.
O som do bombo retumba
    e espanta este boi.

Também não toque marimba
    no bumba meu boi.
O sino quando rebimba,
    me espanta este boi.

Zabumba, não toque este bombo
    no bumba meu boi.
Zabumba, meu bamba, o ribombo
    me espanta este boi.

Zabumba, não solte esta bomba
    no pé de alecrim.
Sem esta cor de jambo,
    o que será de mim?

DOM GRILO

Naquele pé de manjericão
vive Dom Grilo que se procura
de porta em porta e de casa em casa;
que se procura com um chicotinho
feito de flores da mata escura.

Dom Grilo passou por aqui?
Tá lá atrás.

Dom Grilo vive se escapulindo,
nunca se acha Dom Grilo em casa.
Diz que Dom Grilo já criou asa
como a formiga que se perdeu.

Dom Grilo passou por aqui?
Tá lá atrás.

Nunca se acha Dom Grilo em casa.
Formiga, quando quer se perder,
cria asa.
Dom Grilo passou por aqui?
Tá lá atrás.

Nem os dois anjos que estão na guerra,
nem o dragão de asa lilás,

nem o menino de venta acesa
nem Giroflê e os anjos da paz
podem pegar pelo pé Dom Grilo,
que é mais ligeiro que o rei do vento
e de que o homem de pé para trás.
É bem difícil se achar Dom Grilo.
A gente pensa que ele está na frente
e ele já está atrás.

(1932)

A NEGRA MINGORRA

A negra mingorra
ainda é uma escrava.
Não ficou forra.
Ainda é uma escrava.
Zorra!

Pau de embaúba,
pau de gangorra,
pau de embaúba,
queima Gomorra,
pau de siriba
fura masmorra
e carapeba
derruba Andorra.
Mingorra, mingorra
que fique forra.
Pau na embaúba.

A negra mingorra
ainda é uma escrava.
Não ficou forra.
Irra!
Isto é uma zorra.

A flor de caroba
sempre na jarra,
o rubim cutuba
sempre na garra,
sempre no gancho
a negra mingorra.
Zorra!

A negra mingorra
ainda empurra
o carro e a gangorra
e toma surra
do cabeçorra.
Arre!
Mingorra, mingorra
não ficou forra,
isto é uma zorra.

Como me embirra
esse pé de mirra.
Morra!
A negra mingorra
ainda é uma escrava.
Isto é uma zorra.

(1937)

DUDU CALUNGA

Ora vejam só!
Dia de Xangô,
festa de Xangô.
Dia de Iemanjá,
festa de Iemanjá.
Dia de Nanã,
samba na macumba
com qualiquaquá.
Dia de matança
para Oxum-marê,
vamos saravá,
vamos dar okê.

Dia de preceito,
bodas eucarísticas:
caruru no almoço,
vatapá na janta
e de noite samba
lá no ganzuá.
Ora vejam só!
festa todo dia
lá no candomblé.

Uma vez que as cousas
vão correndo mal,

só existe um jeito:
é cair no santo
lá no candomblé.

O babalaô,
quando é consultado
diz que aí vem cousa.
O babalaô,
adorador de Ifá,
diz que aí vem cousa.
É de Exu a cousa
ou então a cousa
vem de um encantado.
Que vem cousa grossa,
diz, olhando os búzios,
o babaluxá.

Se é de Exu a cousa,
é melhor não vir,
antes não chegar.
Se é Dudu Calunga,
apareça já.

Se é Dudu calunga,
venha em seu cavalo,
venha na galinga.
Venha com a viola
pra animar as festas.
Venha tocar cora.
Venha achar brilhantes,
venha achar anéis.
Venha achar as cousas
que ninguém encontra.

Venha na galinga
que é sua malunga
e só tem dois pés.
Você vem, Dudu?
Sim, já vou, Calunga.
Gente de Aroanda,
vamos saravá
que Dudu Calunga
vem pro ganzuá.
vem tocando cora,
vem achar brilhantes,
vem nos dar anéis.

Gente de Aroanda,
vamos saravá
que Dudu Calunga
vem tocando cora,
vem achar corá.

Ora vejam só!
Foi um acalô
que isso me contou.

POETA DA BAHIA

Dizem que sou poeta da Bahia...
Eu não sei por que isto!
Eu não como efó,
nunca vi o acarajé,
eu não sei o que é obi,
nem ebó nem vatapá.
Nunca vi bejerecum
Nem uru nem orobó.
Não vendo cocada.
Não vendo jiló.
Não sei quem é Jubiabá,
não sei quem é dona Loló.
Não compro na biboca
ierê mais atarê.
Não vivo labutando
com a baronesa de Passé.
Nunca fui a Itaparica,
Não vou a festa de bagunça
onde tem faca e fuzuê.
Não pesco de puçá,
nunca fui pegar siri.
Se se come caruru
com farinha ou com acaçá
não sei.
Não moro em casa velha

que levantou o vice-rei.
Não faço feitiço,
não ando em candomblé.
Não acompanho procissão
de opa velha lá da Sé.
Não toco pandeiro,
não toco ganzá.
Não planto guiné
nem croto dois-de-julho.
Não rezo santo-antônio
nem são-cosme-são-damião.
Não sou seabrista
nem farrista
ou civilista
nem cruz-vermelha nem fantoche.
Minha noiva não tem coche
que pertencesse a Dom Juão.
Nunca fiz um soneto
ao casamento da raposa.
Minha avó não é Moema
nem meu pai Tomé de Sousa.

O RIO E O POETA

(Fábula)

Despi o manto de bardo,
vesti a pele do rio.
Vou correndo e vou falando
encantado neste rio.
Vou passando nos lugares
atrasados deste rio.
Vou falando na pobreza
dos lugares deste rio.
Não me calo na viagem.
Falo pelos cotovelos.
Mas ponho calor na fala
para exprimir simpatia
pela causa dos pequenos
que são tantos neste rio.
Não é fala de poeta.
É prosa. Não é poesia.
Mas o povo não se importa
com a falta de melodia,
pois quem está assim falando
é a minha simpatia.
Vou falando, vou falando.
Não calo porque não posso
calar esta simpatia
e ao chegar ao mar, ainda

fala minha simpatia.
Acabando-me no mar,
desencanto-me em poeta.
E cessado todo o encanto,
calou-se a minha simpatia.
Falo agora como poeta.
Minha fala agora é canto
que se apaga e que se esfria,
para conservar calada
toda a minha simpatia
pela causa dos pequenos
que são tantos neste rio.
Procuro imitar o canto
da viola e da cotovia.
Imito o canto do povo.
Mas calada a simpatia,
minha fala de poeta
perdeu toda a poesia.

(7/12/1953)

LIRA DE APOLO

Para James Amado

Mármore de Paros,
Demétrio de Faros
exibe o corpo grego
amado por Apolo.

Helênicos e claros,
os braços sobre o colo.
Mármore de Paros
amado por Apolo.
Nunca tocaram o solo
suas asas de Eros.

Chega ao esplendor o emprego
das medidas de Apolo
nesse mármore de Paros.
O próprio sonho grego
em Demétrio de Faros!

Colecionadores avaros
não conseguem possuí-lo.
E sonhos de berilo
são desfeitos em Faros
entre os que disputam a Apolo
esse mármore de Paros.

Depois ao deus Apolo,
os que lhe são mais caros?
Zéfiro e o deus Eolo,
mas não conseguem raptá-lo.

Um dia esteve em Milo
e ao se exibir tranquilo
como se fosse em Faros,
é desejado em Milo
por sábios e ignaros.
E regressou a Milo.
Mas não podem subtraí-lo
do pedestal de Paros.

Entre os mármores raros
que estão no peristilo
registra-o o protocolo
como a perfeição do estilo.
Escultores preclaros
reproduzem-lhe o colo
mas não podem subtraí-lo
do pedestal de Paros.

Quem o carrega é Apolo
em seus braços avaros.

O EPITÁFIO DE CITERA

Andam as naus a abandonar os portos
da ilha da quimera.
Andam as pombas a deixar Citera.
Andam perfumes a fugir dos hortos
onde ruge o ciúme, essa pantera,
e onde se adora a guerra, aquela fera.

Andam as pombas a deixar Citera.
Como galera abandonando os portos,
andam perfumes a fugir dos hortos
da quimera.

Amanhã nossos sonhos serão mortos
e o mundo vai ficar sem a primavera?
Os sonhos de lascívia serão mortos
e morrerá a deusa de Citera
porque é amante da guerra e dos seus mortos.

(1938)

A ARQUITETURA E OS LILASES

Dedicado a Willy Vasen

Em frente do edifício,
quatro pés de lilases
com seus perfumes adejantes
estão remindo os nossos pecados.

A transgressora arquitetura
que ali adiante no museu
é uma pirâmide invertida
com a metade soterrada
mas em verdade equilibrada
na ponta de um pião,
aqui aumenta seus pecados
pois é uma torre quadrada
não fixada na pedra,
mas sobre a areia apoiada.
Devia ser uma torre,
de fato fortificada.
Não é pedra. Não é nada.
É insegurança quadrada.
Torre prisioneira de casas
e cada casa truncada,
uma por cima da outra,
e muitas casas na torre
e presas neste edifício.
É nesta casa sem lógica

e em certo modo sem base
que a moderna arquitetura
enjaulou a juventude.
E a juventude foge para a Babilônia
em acintoso transvio
de arquitetura psíquica
e outros desvios
da linha e do alicerce.
Estranha vítima!
Imitando os lilases
os cabelos na testa
descem adejantes
procurando encobrir os olhos
e mal encobrem a verdade
dessa pecadora construção.
Já não bastam os óculos escuros
 (olhos de gatinho!)
em meia-máscara de stan e borboleta
disfarçando a distorção.

Mesmo encobrindo os olhos
com a noturna e felina borboleta,
a bela mal esconde a fera
em que se fez na prisão.
Porque ao escapar da jaula
a juventude em Babilônia
é justamente como o tigre
e lá se vai pela rua agachada como Baco
na pantera em disparada.

Culpada pela constringente vertical,
a idade mais velha
é uma Cleópatra de cabelos vermelhos
que vendeu a alma ao diabo.

É manifesto
que o espírito dessa ordem arquitetônica
é um absurdo
com a inclinação dos alicerces
e a ponta da pirâmide para baixo.

O gênio que a engendrou
é um insensato babilônio
que, além de construir a coluna de barro,
apresenta a palmeira invertida
com as raízes para o céu
e as palmas no chão amortalhadas.

E este estilo espostejado
como ornato dessa tumba de vivos.
Imagem do despojamento
da vida sem o ar livre,
sem o ar puro,
imita justamente a morte
que em sua espoliação sinistra
nos priva neste mundo da posse de tudo.
Depois do menos belo possível
só mesmo este ornamento
inspirado na própria morte
e condicionado à tragédia.

A humanidade está cega.
Não vê a beleza se ocultando
sob uma máscara pavorosa
no pedestal da praça
em frente a este edifício.

Transmitiremos aos pósteros
Uma herança miserável.

IARARANA

(Trechos)

V

Ah! depois de nove meses
que aquele fogo se deu,
lá naquele pé de pau
que é a casa do cacau,
Romãozinho amanheceu
cantando
o coco da taruíra
pro compadre bacurau:

> Lagartixa taruíra
> caquende papai-vovô.

A mãe-d'água da Ingauíra
lá na beira do barranco
pariu hoje uma menina
com cabelinho de branco
e zoinho de xexéu

> *Lete late lete lixe*
> *encontrei com a lagartixa*
> *onde tem a flor do céu.*

A filhinha da mãe-d'água
vai ficar araçuaba.
É tão branca que parece
lagartixa descascada.
    Lagartixa taruíra
      caquende papai-vovô.
A filhinha da mãe-d'água
assim que nasceu no toco,
no toco do pau sentou.

A menina da mãe-d'água
come papa de banana
e também de fruta-pão
que sequei no tabuleiro
que ralei naquele ralo
que pisei no meu pilão.

    Lete late lete lixe
    encontrei a lagartixa
    assentada na cadeira
    com o rabo dependurado.

A mãe-d'água da Ingauíra
fez sapato e babadô.
E a mãe-d'água lá do Pardo
que é princesa do Patipe
veio pelo Poaçu
partejar aquela flor
e aparou Iararana
cortou o imbigo, deu banho
e deu maná à menina
e enterrou ali na areia
os panos sujos de sangue
de sua prima sereia.

> *Lete late lete lixe*
> *encontrei com a lagartixa*
> *assentada na cadeira*
> *com o rabo dependurado.*

A filhinha da mãe-d'água
tem berloque na cintura
e se senta no barranco
com o rabo dependurado.
Ela é filha de uma iara
e se chama Iararana,
pois não puxou à sereia
puxou todinha o pai,
aquele cavalo branco.

> *Lete late lete lixe*
> *encontrei com a lagartixa*
> *assentada na cadeira*
> *com o rabo dependurado.*
> *Isto não é lagartixa*
> *isto é arte do diabo.*

> Taruíra venha ver
> sua irmã lá no barranco.

E este coco de Romãozinho
foi cantado no pé de pau.

VI

E a cobra de leite
ouvindo este coco
subiu no garrancho,

entrou lá no toco,
tirou a menina
do peito da iara,
chupou todo o leite
do peito da iara
e pôs o rabinho
na boca da filha,
pra ver se matava
aquela menina
de fome e de sede
lá dentro do pau.

E a bruxa também
saiu lá do lixo
que está na lagoa
detrás do sobrado,
trepou no garrancho
ali na Ingauíra
jogou lá de cima
novelo da boca
em cima do imbigo
da tal diabinha,
chupou e chupou
o sangue do imbigo
pra ver se matava
a filha da iara
lá dentro do pau.

Mas nem cobra preta
nem bruxa nem nada
puderam matar
no toco do pau
aquela pestinha

que teve bem quina,
tomou bem mingau
e quem fosse lá
se via obrigado
por causa do pai,
que estava um tutu
depois que a mãe-d'água
pariu lá no toco,
ai quem fosse lá
no oco do pau
se via obrigado
a andar direitinho
na ponta do pé
pra não acordar
iaiá dos coquinhos
porque está parida
lá vinha o tutu
batendo danado
a torto e a direito
de taca e tamanco
e dando na gente
até pontapé.

Batuque na cozinha
sinhá não quer
porque está parida
no toco do pau
em cima da cama
que é um pé de tabua
e pode assustar
a filha do rio
que acorda gritando
quem nem mãe-da-lua

e dá pontapé
no peito da iara
pedindo mingau,
pedindo café.

*Batuque na cozinha
sinhá não quer.*

VII

A mãe-d'água do Pardo,
depois que a mãe-d'água daqui ficou boa,
pintou a carapuça,
pintou o caneco:
em vez de voltar pelo rio da Salsa
levando seu fardo
e seu cacareco,
desceu da Ingauíra
em busca do Peso
nadando sozinha;
mas quando chegou
ali na coroa
ficou com quentura
e enganchou-se num toco
e foi pra Ipibura
montada no pau.
Mas lá na Ipibura
deu um pulo do pau
e montou numa cobra
e no Engenho da Areia
fez uma manobra
em cima da cobra
e pulou na sereia

que não gostou não
pois ia pra Cepa
levar peixe seco
que não tem no Bu.
E ali pela Linha
pulou da sereia
e vapo! passou
pra um canapu.
E perto do Pego
voou sobre um negro
que estava botando
munzuá pra pitu,
epa diabo!
e chegou em Belmonte
já montada num cação
epa diabo!
e ali por defronte
da rua da Ponte
danada pulou
num peixe de asa
que nunca se viu
no Jequitinhonha.
Mas como este peixe
era como uma brasa,
pulou num aramaçá
e foi perguntando:
aramaçá, aramaçá,
a maré enche ou vaza?
E passou pelo porto
em cima de um boi morto
e na Ilha das Vacas
pulou num baiacu
e montou na barriga

do bicho que inchou
de papo pra o ar.
E entrando no Peso
montou numa jia
e a jia deu um berro.
Essa bicha era o cão.
Ela foi variando
que não era de ferro.
E da jia pulou
no pai do camarão.
E na barra do Pardo
montou no anequim
que é um peixe que há
e não é abusão,
e chegou lá no Pardo
tocando violão
levando pra lá
cabeça de bagre
maior que pamonha
de bagre-amarelo
e de caçari
que é o que tem bom
no rio daqui
e a banda tocou
quando ela chegou.
Aquela mãe-d'água
não era gente não.

(1934)

BIOGRAFIA

Sosígenes Marinho da Costa nasceu em Belmonte (Bahia), em 14 de novembro de 1902, e faleceu no Rio de Janeiro em 5 de novembro de 1968. Em tenra juventude, "Nisinho", sua alcunha familiar, teve uma breve atuação como professor público, no distrito belmontense de Bolandeira. Mas logo se mudou, por volta de 1926, para a cidade de Ilhéus, onde conheceu Jorge Amado e desenvolveu atividades profissionais e literárias. Em Ilhéus empregou-se, através de concurso, como telegrafista do antigo Departamento de Correios e Telégrafos. Ao mesmo tempo, exerceu a função de secretário da Associação Comercial de Ilhéus, onde montou uma excelente biblioteca, entregando-se à leitura diversificada. Assim viveu até aposentar-se, em 1953. Socialmente reservado e recolhido, nesse período acompanhava as polêmicas do modernismo paulista e participava dos debates estéticos, posicionando-se através de artigos que publicava no jornal *Diário de Ilhéus*, sob o pseudônimo "Príncipe Azul". Sua coluna denominava-se "Diário de Sósmacos" – contração anagramática de seu nome completo. Segundo o biografista Heitor Brasileiro, Sosígenes publicou, de 28 de fevereiro de 1928 a março de 1929, cerca de 260 textos, entre crônicas, artigos polêmicos e alguns poemas, conforme levantamento efetuado por Gilfrancisco Santos, um dedicado pesquisador do modernismo baiano.

Em esporádicas visitas a Salvador, o poeta grapiúna participou, a convite de Jorge Amado, da Academia dos Rebeldes (1927-1931), da qual fizeram parte também Edson Carneiro, Alves Ribeiro, Clóvis Amorim, Dias da Costa e Pinheiro Viegas, líder do grupo. Os "Rebeldes", em número único da revista *Meridiano*, opunham-se aos conservadores e pugnavam por uma literatura baiana moderna e universal, somando-se aos grupos polêmicos da revista *Samba* e da revista *Arco & Flexa* (1928). No período, colaborou esporadicamente com outros veículos de divulgação literária e cultural, como *O Momento*, *O Jornal*, *O Amigo do Povo*, revista *Única*, *Caderno da Bahia*, revista *Clima* (de São Paulo) e o jornal *Paratodos* (Rio).

A partir de 1954, Sosígenes Costa fixa residência, em *Copacabana*, no Rio de Janeiro. Por intermédio de Jorge Amado, passa a colaborar com o jornal *Paratodos* e, com o patrocínio do jornal, faz uma viagem à Europa e à Ásia, com destaque para a China, que o impressionou profundamente. Dessa viagem originaram-se vários poemas de conteúdo orientalista e histórico, de sua última fase de criação poética.

No Rio, o poeta continuou retraído e avesso à publicidade pessoal. Somente após a insistência dos amigos mais próximos foi que Sosígenes Costa consentiu publicar seu único livro em vida, a *Obra poética*, de 1959, que recebeu os prêmios Paula Brito (Rio de Janeiro) e Jabuti, da Câmara Brasileira do Livro (São Paulo). O poeta deixou, numa mala de couro, diversos textos inéditos e inacabados que seriam mais tarde garimpados por José Paulo Paes, num trabalho de seleção e fixação filológica de textos. Esse cuidadoso trabalho de pesquisa ensejou o estudo crítico *Pavão parlenda paraíso* e o ensaio introdutório a "Iararana", resgatando o poeta do esquecimento, reconhecendo-o como um dos nomes mais relevantes da literatura brasileira.

BIBLIOGRAFIA

DO AUTOR

Obra poética. Rio de Janeiro: Leitura, 1959.
Obra poética. São Paulo: Cultrix; Brasília: INL, 1978.
Iararana. Ilustrações e capa de Aldemir Martins. Introdução, apuração do texto e glossário de José Paulo Paes. São Paulo: Cultrix, 1978.
Crônicas & poemas recolhidos. Organização de Gilfrancisco Santos. Direção de Hélio Pólvora. Ilhéus: Fundação Cultural de Ilhéus, 2001.
Poesia completa. Textos críticos de José Paulo Paes, Valdomiro Santana e Hélio Pólvora. Salvador: Conselho Estadual de Cultura, 2001.
Antologia poética. Declamação de Othon Bastos e outros. Rio de Janeiro: Luz da Cidade, 2001. CD.
Cobra de duas cabeças: poesia e prosa encontradas e inéditas. Pesquisa e apuração do texto de Herculano Assis. Organização de Gustavo Felicíssimo. Ilhéus: Mondrongo, 2011.

SOBRE O AUTOR

AMADO, Jorge. O grapiúna Sosígenes Costa. In: COSTA, Sosígenes. *Iararana.* São Paulo: Cultrix, 1979.

DAMULAKIS, Gerana. *Sosígenes Costa*: o poeta grego da Bahia. Salvador: EGBA/Fundação Cultural do Estado da Bahia, 1996.

FRANÇA FILHO, Durval Pereira da. *Belmonte, memória, cultura e turismo*: numa (re)visão de Iararana de Sosígenes Costa. Ilhéus: Universidade Estadual de Santa Cruz, 2003. Dissertação.

IARARANA. Revista de arte, crítica e literatura. Edição comemorativa do centenário de Sosígenes Costa. Direção de Aleilton Fonseca e Carlos Ribeiro. Salvador, n. 7, 2001.

MALAFAIA, Jane de Paula. *O modernismo singular de Sosígenes Costa*. Niterói: Universidade Federal Fluminense, 2007. Dissertação.

_____. A poesia de Sosígenes Costa. A trajetória de uma obra esquecida. *Terra roxa e outras terras*. Revista de Estudos Literários. Londrina, v. 12, p.144-157, jun. 2008. Revista eletrônica.

_____. A poesia infantil de Sosígenes Costa: "O teatro na casa encantada". *Revista Língua e Literatura*. Universidade Regional Integrada do Alto Uruguai e das Missões, v. 10, n. 14, p. 117-128, jul. 2007. Revista eletrônica.

MATTOS, Florisvaldo. *Travessia de oásis*. A sensualidade na poesia de Sosígenes Costa. Salvador: SECT/EGBA, 2004.

MATTOS, Cyro de; FONSECA, Aleilton. *O triunfo de Sosígenes Costa*. Estudos, depoimentos e antologia. Ilhéus: Editus, 2004.

PAES, José Paulo. *Pavão Parlenda Paraíso* (uma tentativa de descrição crítica da poesia de Sosígenes Costa). São Paulo: Cultrix, 1977.

PINA, Patrícia Kátia da Costa. *Iararana e Mensagem*: desafios modernistas ao leitor burguês. Anais do XXII Congresso Internacional da ABRAPLI. Salvador: ABRAPLI, 2009, p. 962-969. Edição eletrônica.

PÓLVORA, Hélio (Org.). *A Sosígenes, com ternura*. Artigos e poemas. Salvador: Edições Cidade da Bahia/Fundação Gregório de Mattos, 2001.

SANTANA, Gisane Souza. Os discursos ambivalentes da nação na pós-modernidade: da Carta de Caminha à Iararana. *Revista Memento*. v. 1, n. 1, p. 39-47, jan.-jun. 2009. Revista eletrônica.

SCHEINOWITZ, Celina. Cromatismo poético: os sonetos pavônicos de Sosígenes Costa. *Qvinto Império*. Revista de Cultura e Literatura de Língua Portuguesa. Gabinete Português de Leitura. Salvador, n. 16, p. 66-75, 2002.

SOUZA, Marcos Aurélio. *Identidade cultural e discurso pós-colonialista em Iararana de Sosígenes Costa*. Feira de Santana: Universidade Estadual de Feira de Santana, 2002. Dissertação.

ÍNDICE

Sosígenes Costa: o lirismo do olhar 7

OBRA POÉTICA I (1959)

Sonetos pavônicos e outros sonetos

Tornou-me o pôr do sol um nobre
entre os rapazes 25
Crepúsculo de mirra 26
A magnificência da tarde 27
A aurora e os leopardos 28
Soneto ao anjo 29
É uma glória da China a porcelana 30
O enterro 31
Abriu-se um cravo no mar 32
O pôr do sol do papagaio 33
Na casa da açucena 34
Crepúsculo 35
Os pássaros de bronze 36
No caminho do arcanjo 37
O primeiro soneto pavônico 38
A virgem 39
Cair da noite 40

Sai do mar ao poente 41
A trepadeira 42
Obsessão do amarelo 43
Pavão vermelho 44
Anjo ferido 45
Estão as prostitutas no poente 46
Vênus na espuma 47
O tédio 48
O triunfo do amarelo 49
Chuva de ouro 50
O mar e o dragão 51
A canção do menino do Egito 52
As flores da duquesa 53
A procissão de Cleópatra 54
O despertar dos ecos 55
O horóscopo 56
À memória de Pinheiro Viegas 57
Jardim de encantos é o lilás da noite 58
No Jequitinhonha 59

O vinho e os aromas

Dorme a loucura em ânfora de vinho 61
O vinho e os aromas 64

Versos de uma era extinta

A barcarola da noite 85
Brasília 88
A apoteose das parcas 90
Búfalo de fogo 93

Maio 98
Quem canta seus males espanta 100
Duas festas no mar 101
Pedra rejeitada 103
O bilhete começado pelo boa-noite 105
Canção de amor 108
Palhaço verde 111
Índio bom é índio morto 112

Belmonte, terra do mar

A rosa na chaleira 115
Terra do mar 120
Filhinho de aimoré 126
Tempo antigo 129
Case comigo, Mariá 133
A chuva vem cair na Ingauíra 138
A aurora em Santo Amaro 140
Cantiga banto 142
Sereno de santo 144
Cantiga de canavial 160

OBRA POÉTICA II (1978)

Castelo encantado 163
A morte do sol 164
Pavão azul 165
Jardim de jade 166
Soneto feito num carnaval 167
A filha do sol 168
Társis era aqui 169

Soneto encantado 170
A nênia do beija-flor 171
Emendando um soneto 172
Alecrim da beira d'água não se corta
com machado 173
Flor de cacau 174
Nas asas vindo o sonho de Verona 175
A glória da sempre-viva 176
Tema da juventude 177
Não me toques 178
A liberdade está morta 180
A marcha do bumba meu boi 182
Dom Grilo 183
A negra mingorra 185
Dudu Calunga 187
Poeta da Bahia 190
O rio e o poeta 192
Lira de Apolo 194
O epitáfio de Citera 196
A arquitetura e os lilases 197
Iararana 200

Biografia 209
Bibliografia 213

COLEÇÃO MELHORES CONTOS

ANÍBAL MACHADO
Seleção e prefácio de Antonio Dimas

LYGIA FAGUNDES TELLES
Seleção e prefácio de Eduardo Portella

BRENO ACCIOLY
Seleção e prefácio de Ricardo Ramos

MARQUES REBELO
Seleção e prefácio de Ary Quintella

MOACYR SCLIAR
Seleção e prefácio de Regina Zilbermann

MACHADO DE ASSIS
Seleção e prefácio de Domício Proença Filho

HERBERTO SALES
Seleção e prefácio de Judith Grossmann

RUBEM BRAGA
Seleção e prefácio de Davi Arrigucci Jr.

LIMA BARRETO
Seleção e prefácio de Francisco de Assis Barbosa

JOÃO ANTÔNIO
Seleção e prefácio de Antônio Hohlfeldt

EÇA DE QUEIRÓS
Seleção e prefácio de Herberto Sales

MÁRIO DE ANDRADE
Seleção e prefácio de Telê Ancona Lopez

LUIZ VILELA
Seleção e prefácio de Wilson Martins

J. J. VEIGA
Seleção e prefácio de J. Aderaldo Castello

JOÃO DO RIO
Seleção e prefácio de Helena Parente Cunha

IGNÁCIO DE LOYOLA BRANDÃO
Seleção e prefácio de Deonísio da Silva

LÊDO IVO
Seleção e prefácio de Afrânio Coutinho

Ricardo Ramos
Seleção e prefácio de Bella Jozef

Marcos Rey
Seleção e prefácio de Fábio Lucas

Simões Lopes Neto
Seleção e prefácio de Dionísio Toledo

Hermilo Borba Filho
Seleção e prefácio de Silvio Roberto de Oliveira

Bernardo Élis
Seleção e prefácio de Gilberto Mendonça Teles

Autran Dourado
Seleção e prefácio de João Luiz Lafetá

Joel Silveira
Seleção e prefácio de Lêdo Ivo

João Alphonsus
Seleção e prefácio de Afonso Henriques Neto

Artur Azevedo
Seleção e prefácio de Antonio Martins de Araujo

Ribeiro Couto
Seleção e prefácio de Alberto Venancio Filho

Osman Lins
Seleção e prefácio de Sandra Nitrini

Orígenes Lessa
Seleção e prefácio de Glória Pondé

Domingos Pellegrini
Seleção e prefácio de Miguel Sanches Neto

Caio Fernando Abreu
Seleção e prefácio de Marcelo Secron Bessa

Edla van Steen
Seleção e prefácio de Antonio Carlos Secchin

Fausto Wolff
Seleção e prefácio de André Seffrin

Aurélio Buarque de Holanda
Seleção e prefácio de Luciano Rosa

Aluísio Azevedo
Seleção e prefácio de Ubiratan Machado

Salim Miguel
Seleção e prefácio de Regina Dalcastagnè

ARY QUINTELLA
Seleção e prefácio de Monica Rector

HÉLIO PÓLVORA
Seleção e prefácio de André Seffrin

WALMIR AYALA
Seleção e prefácio de Maria da Glória Bordini

*HUMBERTO DE CAMPOS**
Seleção e prefácio de Evanildo Bechara

PRELO

GRÁFICA PAYM
Tel. (011) 4392-3344
paym@terra.com.br